走在文学高地

第十一届茅盾文学奖
获奖作家对话录

文艺报社——

编

中国言实出版社

图书在版编目(CIP)数据

走在文学高地：第十一届茅盾文学奖获奖作家对话录 /
文艺报社编. -- 北京：中国言实出版社，2023.11
　　ISBN 978-7-5171-4251-5

　　Ⅰ.①走… Ⅱ.①文… Ⅲ.①茅盾文学奖 – 作家 –
访问记 – 中国 Ⅳ.①K825.6

　　中国国家版本馆 CIP 数据核字（2023）第 223334 号

走在文学高地：第十一届茅盾文学奖获奖作家对话录

责任编辑：张国旗
责任校对：宫媛媛

出版发行：中国言实出版社
　　　　　地　址：北京市朝阳区北苑路180号加利大厦5号楼105室
　　　　　邮　编：100101
　　　　　编辑部：北京市海淀区花园路6号院B座6层
　　　　　邮　编：100088
　　　　　电　话：010-64924853（总编室）　010-64924716（发行部）
　　　　　网　址：www.zgyscbs.cn　电子邮箱：zgyscbs@263.net

经　销：新华书店
印　刷：北京铭传印刷有限公司
版　次：2024年4月第1版　　2024年4月第1次印刷
规　格：710毫米×1000毫米　1/16　14印张
字　数：192千字

定　价：65.00元
书　号：ISBN 978-7-5171-4251-5

《雪山大地》封面

杨志军登台领奖

杨志军（左）与藏族朋友在一起

《宝水》封面

乔叶登台领奖

乔叶（左二）在老家山村和村民聊天

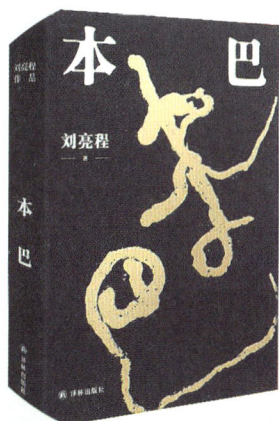

《本巴》封面

刘亮程登台领奖

刘亮程（左）在木垒县菜籽沟村扬场

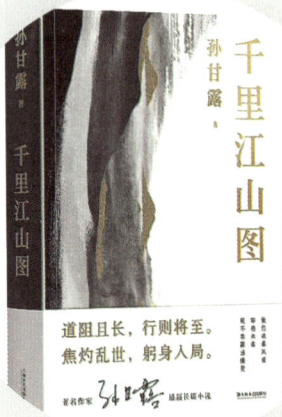

《千里江山图》封面

孙甘露登台领奖

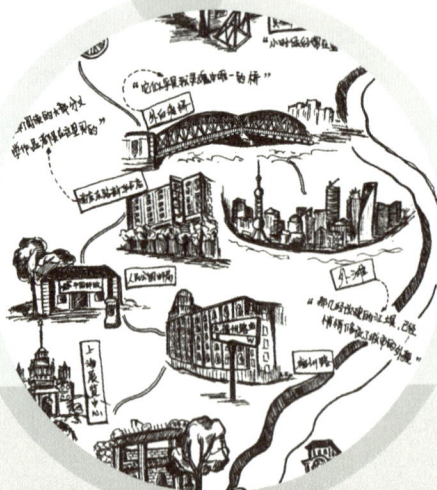

孙甘露私人上海地图　王璇 绘制

《回响》封面

东西登台领奖

东西（右下）送书回乡

2023中国文学盛典 · 茅盾文学奖之夜

文脉千秋贯　江河万古流

——"二〇二三中国文学盛典·茅盾文学奖之夜"侧记

□ 许莹　教鹤然

1981年，中国现代长篇小说巨匠茅盾先生立下遗愿，捐出稿费，奖励优秀长篇小说的创作，推动中国社会主义文学的繁荣发展。同年，中国作家协会设立茅盾文学奖，历经40余载，茅盾文学奖获奖作品构成了中国当代文学的恢宏景观。新时代以来，在习近平文化思想的指引下，广大作家在深入生活、扎根人民的实践中进行艺术的创造，中国文学呈现出生机勃勃的气象。

2023年8月11日，第十一届茅盾文学奖评委会从2019年至2022年间的中国长篇小说中选出了5部获奖作品。新时代新征程上的中国文学迎来了又一次新的收获与荣耀。11月19日晚，"2023中国文学盛典·茅盾文学奖之夜"在茅盾先生的故乡浙江桐乡乌镇隆重举行。第十一届茅盾文学奖5位获奖者齐聚一堂，共同分享中国文学的荣光。

整场晚会在浙江传媒学院音乐学院合唱团演唱的歌曲《我和我的祖国》中拉开帷幕。在现场乐团的深情演奏下，熟悉的旋律亲切而崇高，整首歌曲磅礴大气。"我和我的祖国，一刻也不能分割"，真情谱写的曲，实感写下的词，每每唱响总有人和。

伟大的文明和伟大的民族必有伟大的文学。晚会开场短片《人民大地文学无疆》回顾了中国文学生生不息的经典传承：屈原、司马迁、李白、杜甫、苏轼、关汉卿、曹雪芹等共同形塑了中国古代文学的群峰连绵与江河万古；在中国革命与社会主义建设道路上，一系列长篇小说矗立起了丰碑般的路标，茅盾的《子夜》、巴金的《家》《春》《秋》、老舍的《骆驼祥子》、丁玲的《太阳照在桑干河上》等，为中国文学开辟了崭新天地。迎着新中国的太阳，"三红一创""青山保林"，一部部恢宏的人民史诗，在一代代中国人的记忆和生命中长久回响……

忆来路承文化根脉，看前路启文化新篇。作家杨志军的《雪山大地》，追求大地般的重量和雪山般的质感。青藏高原上汉藏两个家庭相濡以沫的交融，铸就了一座中华民族共同体意识的丰碑。作家短片中，镜头跟随杨志军的脚步来到世界屋脊，雪山静静矗立，江河缓缓流淌。那里是杨志军出生并慢慢长大的家乡，曾经是父辈们毅然选择的远方，也是一代代奉献者的精神高地。永远保持着向上向远姿态的雪山大地，给观众以精神拔节的无穷力量。

在《青藏高原》歌舞表演者的簇拥中，杨志军缓缓走上舞台发表获奖感言。他说："我想用父辈们的荣光唤醒我们的理想，用拓荒者的篝火映亮今天的夜空，用历史的脚印延伸时代的步伐，以此来观照人性的丰饶与光芒。我知道此生的文学义务，就是建树关于人的理想。一个人的历史是国家历史的一部分，一个人的精神是时代精神的一部分，一个人的情怀是民族情怀的一部分，写作者的精神维度决定了其作品的优劣高低。"当杨志军说出写作者的另一个名字——永远的攀登者时，现场响起了热烈掌声。杨志军40年的"铁杆书迷"——来自青岛职业技术学院的退休教授张薇也来到节目现场，她分享了自己第一次读到作家杨志军长篇小说《环湖崩溃》时的感受，也正是这部小说让她意识到人与自然的关系，带领她进入全新的精神世界。节目组还为杨志军送出了一份特别的礼物，当听到大屏幕上众多读者的阅读心声，他不无激动地感慨道："感谢所有的读者。文学是由作家和读者共同成就的事业，没有你们就没有今天站在领奖台上的杨志军，真诚地谢谢大家的厚爱，真诚地向大家致敬。"

向上攀登，向下扎根。作家乔叶的《宝水》，风行水上，自然成文，映照着"山乡巨变"。移步换景的风俗风情与豆棚瓜架的倾心絮语，涵容着传统中国深厚绵延的伦常智慧和新时代方生方长、朝气蓬勃的新观念、新情感、新经验。在创造新生活的实践和人的精神成长中，构造融汇传统与现代、内心与外在的艺术形态，为乡土书写打开了新的空间。作家短片中，乔叶化身为宝水村的一员，真正融入村民的日常生活当中。村民们如何打招呼？一日三餐吃的是什么？什么季节种什么菜？烧地锅烧的是什么柴？在乡村转型的过程中，村民最关心的问题是什么？他们的经济账和感情账怎么算？这些属于乡村振兴的细节，都是乔叶想要捕捉的，而生活所赐如同涓涓细流，都是宝水。

当悠扬婉转的弦乐响起，字里行间的泥土芬芳，终在这一刻幻化为眼前的风吹麦浪。作家乔叶款款走上舞台，她在获奖感言中说道："作家和时代就是浪花和大海、庄稼和土地的关系。弱水三千，取一瓢饮，这一瓢饮里必然是时代的成分。《宝水》就是我取到的这一瓢水。生活把它迷人的光芒与气息深融密织在作品的质地中。在生活现场我也深切地感受到了一种巨大的力量，这力量能修改成见，也能赋予新见！"

在文化赋能乡村振兴的道路上，作家不仅用笔下的文字记录这翻天覆地的时代新变，中国作协更以实际行动积极探索"文化育人、文学润心、扶志扶智"的帮扶理念。在甘肃省东南部、青藏高原东北沿，有一座名叫临潭的高原县。早在 1998 年，中国作协便开始定点帮扶临潭，通过选派干部到临潭县挂职、组织作家采风创作、捐赠文学图书、培养本土作家、出版作品集等有效措施，持续多年发力。2015 年 7 月，中国作协选派干部到临潭县冶力关镇池沟村担任第一书记。中国作协帮扶临潭以来，先后累计投入物资价值2000余万元，组织实施扶持临潭文学教育事业发展、干部能力提升、乡镇图书分馆建设等一大批帮扶项目，推出了大量关于临潭的优秀作品，对临潭文化事业发展产生了广泛而深远的影响。晚会现场，甘肃省甘南藏族自治州冶力关镇中心小学的学生们专程远道而来，与来自茅盾先生的母校——浙江省桐乡市乌镇植材小学的学生们共同演唱了《夜空中最亮的星》，传递着跨越东西南北的爱与温暖。舞台上，孩子们打开一盏盏书本灯，正如文学用爱守护着他们的星辰大海。

舞台上的童声渐渐远去，文学里的童真渐渐走近。刘亮程的《本巴》向《江格尔》致敬，在创造性转化与创新性发展中证明多元一体的中华文化美美与共的活力。作品融史诗、童话、寓言为一体，在咏唱与讲述的交响中以飘风奔马、如梦如幻的想象展现恢宏绚烂的诗性境界。对天真童年的追念和对时间的思辨，寄托着人类返璞归真的共同向往。作家短片中，节目组远赴辽阔的北疆草原，古老而神奇的声音，将远山、草地、星辰和祖先连接在一起。在《本巴》里，一个句子开启一场梦——关于母亲，关于英雄，关于故乡，关于童年和游戏。

在蒙古族长调《鸿雁》的悠扬旋律下，刘亮程走上舞台。他在获奖感言中说："我喜欢小说中哈日王这个孩童，他长着一只大人的世故之眼和一只孩童的天真之眼。文学也许正是那只天真的孩童之眼，这个世界，即使被大人看过无数遍，也永远需要用孩子的天真之眼再看一遍，这是文学对人类初心的观照。"

"这封信给烟火中写故事的人，写如何勇赴这平凡的生活……"韩雪演唱了《写故事的人》。他们为亲眼见证过的世间悲喜与沉默苍生作传，他们为纯洁、善良、坚韧、正义的道德追求和精神力量鼓与呼。舞台上，五对红色书名号装置格外引人瞩目。对于写故事的人而言，书名号里是无数的人们和无限广阔的世界。而在作家短片中，也同样出现了一对对红色书名号。这些红色书名号，涵盖人民大地，象征着人民的火热生活就是文学创作的血脉与源泉。一曲《写故事的人》唱毕，现场响起经久不息的掌声,那是观众、读者对所有作家的真诚致敬与由衷礼赞。

城市见证着中国历史上诸多重要事件和关键时刻,也不断塑造着当代文学的记忆。对城市空间的凝视和摹写,寄寓着对江山与人民的挚爱和忠诚。孙甘露的《千里江山图》是理想和英雄的风雅颂。革命者以信仰、纯真和勇气高举起冲破黑暗的火炬。叙事明暗交错、光影流转,节奏急管繁弦,在静与动的辩证中保持着沉思与抒情的疏朗开阔,为革命历史题材写作传统展开了新的艺术向度。作家短片中,孙甘露像一位沉思者,翻阅卷帙浩繁的档案与信件,行走在城市的褶皱之间。黑白与彩色的画面在沪上街巷重叠,作家仿佛重新回到1933年茅盾创作《子夜》的时刻,回到那个风云际会、艰苦卓绝的时代,用文学的眼睛,见证现代中国百年历史的如画长卷。时光流转,山河无恙;烟火寻常,盛世如愿。

在歌曲《如愿》的旋律中,孙甘露缓步走上舞台。在获奖感言中,他深情追忆上海这座城市与创作生活之间的情感联结,讲述《千里江山图》中关于理想和牺牲、秘密和情感、遗忘和记忆的那段历史。他说:"我们这些后来者沐浴在历史璀璨的星空下,《千里江山图》源自那个令人难忘的时代,也源自我的出生地上海,我时常会想,我有机会在此生活、工作,已经是莫大的犒赏。写作引领我们反思我们所拥有的一切,也令我们想象我们未曾拥有的。两者彼此审视,相互交融,令我们体会到,一生也只是历史长河中的一瞬。就像历史学家常说的那样,荣耀是很快就会消失的。而那些为理想付出生命的人,才值得后人永久记忆。"

沿着古老的历史文脉,从过去走到当下。溪水淙淙中,江南女子踏石而行,随着熟悉的"飒飒"声响,浙江音乐学院舞蹈学院的学生们为观众带来了原创舞蹈《碇步桥》。灯影变幻,衣袂翩然,舞者的表演像一首写在江南文脉上的诗,让人仿佛置身烟雨蒙蒙,近处有绿水横波,远处有青山做伴。悠悠碇步,"桥"见千年繁华。音乐渐弱,舞者退场,而江南水乡的历史回响仍余韵悠长。

一方水土一方人。"读城"就是"读人",写一座城,也是写一群人的精神世界。东西的《回响》以富于认识和表现能力的艺术形式，探索当代城市生活的精神状况。在社会与家庭双线并进的结构中，抽丝剥茧，洞幽烛微，呈露和整理人心与人性的复杂缠绕。现实与心理、幻觉与真相、困顿与救赎，冲突的对话构成灵魂的戏剧，有力地求证和确认我们生活的基石：真实、理解、爱和正义。作家短片中，东西行走在广西南宁的"三街两巷"，人声扰攘，热闹非常。有霓虹灯下弹唱的歌者，有走街串巷卖酸嘢热炒的商贩，还有十字路口川流不息的电动车的海洋。生动而丰富的人间烟火，变成一张张幻灯片，叠印在作家的记忆宫殿。站在鸳鸯楼交错纵横的楼梯上，万千条线索编织出故事的骨骼，东西听见了生活的重量。

随着《这世界那么多人》的旋律悠然响起，东西在一群穿着彩色上衣的年轻人的簇拥之下走上舞台。对他来说，探索他人的过程也是在探索自己，人心才是最大的悬疑。他在获奖感言中说："作品的创作包含历练、命运及由命运刺激而成的思想，仿佛煲汤，得用文火慢慢熬，不能着急，创作也需要自然生长。在写作的过程中，当我打开自己，与人物感同身受的时候，我就会在心灵里找到现实，在罪里找到罚，在逃避里找到责任，在猜疑中找到信任，在内疚中找到爱。生活的复杂性需要复杂的写作技术去照亮。我想我正走在这条写作的道路上。"

编辑是优秀作品的桥梁和纽带，对于读者来说，任何一本好书都包含着编辑的劳作。《回响》的编辑刘稚是茅盾文学奖的"常客"，她担任编辑的柳建伟的《英雄时代》曾获第六届茅盾文学奖、李洱的《应物兄》曾获第十届茅盾文学奖，再加上《回响》，已经是第三次得此殊荣。刘稚与东西之间有一场关于长篇小说的"20年之约"。早在20年前，刘稚就向东西提出了长篇小说的约稿请求，却直到2021年才得偿所愿。东西半开玩笑地说："一直没有将书稿给她，是觉得她在约稿时不够'坚决'。"这些年间，刘稚一直在追踪东西的创作，她说："随着对东西老师创作的持续追踪，他的创作越来越好，我也变得越来越坚决。"念念不忘，必有回响。回想起两人20年间的交往，东西觉得十分内疚，因内疚而产生的"爱"是非常强大的。他在小说《回响》中也专列一章，写到"疚爱"的力量，因此，在创作进行到一半的时候，他就决定让刘稚担任这本"疚爱"之作的编辑，促成这段迟来20年的缘分。

优秀的文学作品是作家和编辑的共同成果，在这个属于作家作品的荣耀时刻，我们也不能忘记作品背后的编辑们。在"致敬编辑 心心相印"环节，为第十一届茅盾文学奖专门设计的5个标有获奖书名、获奖作者和编辑姓名的书形装置出现在舞台上，以此致敬作者与编辑之间的无间合作。《雪山大地》作者杨志军和编辑姬小琴，《宝水》作者乔叶和编辑韩敬群，《本巴》作者刘亮程和编辑管小榕，《千里江山图》作者孙甘露和编辑李伟长、江晔，《回响》作者东西和编辑刘稚一同上台，分别在书形装置上郑重地按下手印。5部作品的书形装置将汇集成一部长卷，盛典结束后将送往茅盾纪念馆和浙江文学馆留存展示。现场响起经久不衰的掌声，致敬每一部作品的幕后英雄。

在这星光灿烂、荣光闪耀的夜晚，在这孕育硕果、展望未来的瞬间，优秀的文学佳作就像星星点点汇聚而成的万家灯火，点亮了属于我们这个时代的文学精神。庄重恢宏、典雅大气的"2023中国文学盛典·茅盾文学奖之夜"见证了新时代文学的高光时刻，表达了对作家、对编辑、对文学的敬意和热爱。本次盛典在张也演唱的歌曲《灯火里的中国》中徐徐落下帷幕，歌声中绘就灯火灿烂的中国梦，描摹灯火漫卷的万里山河，激励新时代文艺工作者以文学之光烛照时代精神，以文学之力铸就时代之魂，展现中华历史之美、山河之美、文化之美，抒写中国人民奋斗之志、创造之力、发展之果，不断创作出反映时代巨变、体现人民奋斗的精品力作。

目 录

CONTENTS

孙甘露·《千里江山图》

东西·《回响》

附　录

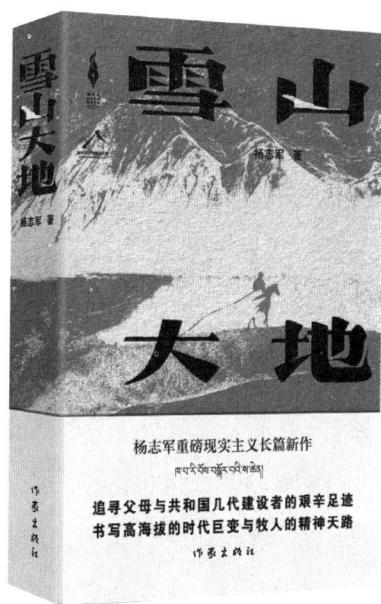

杨志军·《雪山大地》

出 版 社：作家出版社

出版时间：2022 年 12 月

责任编辑：姬小琴

杨志军的《雪山大地》，追求大地般的重量和雪山般的质感。青藏高原上汉藏两个家庭相濡以沫的交融，铸就了一座中华民族共同体意识的丰碑。在对山川、生灵、草木一往情深的凝望和咏叹中，人的耕耘建设、生死歌哭被理想之光照亮。沧桑正大、灵动精微，史诗般的美学风范反映着中国式现代化的宏伟历程。有鉴于此，授予《雪山大地》第十一届茅盾文学奖。

高峰永远都在前面

□ 杨志军

　　《雪山大地》获奖的消息传来时，我已从山东来到青海。我的计划一大堆，主要是一如往年地去草原上走一走，看看相识的山川地貌，访访旧有的人文风情，最关注的当然还是其中的变化。这些年变化天天都在发生，如果我还想继续描写青藏高原、我的故乡厚土，就得随时发现这些变化，并尽量搞清楚它们的来龙去脉。

　　现在一切都停下了，我必须看清楚我自己近40年的文学历程里，有哪些是值得留恋的，哪些是需要抛弃的，哪些是需要继续坚守的。获奖让我激动、让我感慨，又让我变得格外冷静。它是对我的一次总结、一次激励、一次从麓底走向坡段的提升，在我面前树起了新的标杆。我理解的文学是这样的：当你把它当作马拉松赛跑时，它就永远没有止境；当你希望继续攀登时，高峰就永远都在前面，不会有真正的登顶，也不会有可以完全停歇的尽头。

　　我喜欢一边审视自己一边走路，审视会让自己变得清醒、谦虚。说真的，在文学面前，在前辈和同辈作家成绩斐然的创作面前，任何一个写作者都没有骄傲的资格。我一贯的做法是在否定自己、纠正自己的过程中丰富自己，所以每每都有从零开始的感觉。我又要从零开始了，但这次不一样，因为我有了新的鞭策，有了在新起点上认知生活、发现生活、表现生活的可能。路漫漫其修远兮，吾将上下而求索。

文学是神奇的，你写的是自己独有的生活、感受、认知和表达，却有那么多人认同你、鼓励你、扶持你，愿意伴你一同前行。所以萦绕内心的情愫里，又多了感恩和敬意：感恩生活，感恩土地，感恩时代，感恩读者，感恩所有伸出援手、给予厚爱的人们。有多少感恩就应该有多少作品，这是我对自己的期望。

《雪山大地》片段

　　所有的偶然都带着命中注定的意味，缘分在它一出现时就带着无法回避和不可违拗的力量，点亮你，熄灭你，一辈子追随你，这还不够，还要影响你的所有亲友、所有后代。

《雪山大地》第 4 页

　　正是夏花盛放的季节，蕊红瓣白的点地梅左一片右一摊，像铺满了不规则的花地毯。一簇簇的红景天升起来，绿的花苞、红的花蕾、白的花瓣，恣意地烂漫着，不时地阻断着路，让人不得不绕来绕去。而在通往远处雪山的高地上，金灿灿的九星花漫作了河，开阔的河面上飞翔着四五只鹰，可以想见那儿的花海草浪里正在蹦跳着旱獭和野兔、雪貂和马鸡。

《雪山大地》第 6 页

　　草原疯狂地延伸着，用辽阔嘲笑着马蹄，似乎马永远走不出草原，马终究会累死在它的辽阔里。

《雪山大地》第 42 页

草原上办学校，就是把星星搬到地上，再把星星的光搬到人心里。

《雪山大地》第 73 页

我在我期望的生活里沉浸，享受着时而粗粝时而细腻的恩典般的时光，那种明亮而温馨的归宿感，那种在酥油的感染中心旷神怡的舒畅感，那种在蓝天白云下和所有生命共沐寒风，感觉自己已经冻成冰疙瘩后又迅速被帐房宠爱，被牛粪火怜惜，被酥油茶抚慰，被羊羔羔的小舌头舔热的幸福感，那种在泛滥着亲情的气氛里融化成每个人的一部分的存在感，就像从土地上长出了一片草，真实而自然，就像从草原上长出了一座山，不经意中就有了拔地而起的勇气和自信。

《雪山大地》第 133 页

我觉得我思念他就像思念一座唯一的山，他思念我就像思念山的时候顺带想到了山脚下的一个小土堆，严重地不平衡，心里闷闷的。

《雪山大地》第 149 页

秋风在父亲的头顶徐徐扫过，天蓝得有些疯狂，连云也丝丝缕缕变成了靛蓝的花絮。草原向雪山的怀抱延伸着，分不清是深沉还是倦怠，毕竟亮丽了整整一个夏天，盎然的生机也该收场，万花也该敛容了。日尕的奔跑踢飞了最后的花朵，草枝草叶无奈的哀号声在风中回荡，太阳忽忽地下降着，地面翘起来，像是要把一地忧伤而芜杂的秋景掀到天上去。

《雪山大地》第 220 页

"你到草原上找一找，哪里会有自由自在的牧人？牧人就是服管的人，白天太阳管你，晚上星星管你，冬天雪管你，夏天雨管你，出门狼管你，放牧草管你，温饱牛管你，穿衣羊管你。不想走出来就永远别出来，一旦走出来，想回去就难啦，不信你去试试，过一个月牧人的辛苦日子，你就会觉得连州上的风都是软的热的。"

《雪山大地》第 268 页

一滴水脏了，顶罪的是一条河；一只羊染了瘟疫，顶罪的是所有的羊。一个人的坏是全家的坏，一个人的好是全家的好。世上只有孤零零的幸福，没有孤零零的苦难，更没有孤零零的罪孽。

《雪山大地》第 360 页

人有了伤才知道疼，没有伤你告诉他将来你的这个地方会疼，谁会在乎呢？就算相信也是这个耳朵进那个耳朵出。对有些事，我们既不能预防也不能治疗，只能等着，等到黑云消失的时候，太阳自然就出来啦。有因才有果，主宰草原的从来不是牧人，更不是牛羊，是什么呢？你看着我干什么？不是我，也不是我身后的这些铜像泥像，不是人，不是神，是一个依附在雪山大地身上但我们又看不见的东西，我心里明白却说不出来。唵嘎别辣嘎莎哈，我天天念的经让我心里亮堂，你问我是什么意思，我只能说请问太阳为什么给我们热乎乎的光，请问雪山为什么给我们清粼粼的水，请问大地为什么给我们绿油油的草？

《雪山大地》第 387 页

人生的奇妙就在于：当你认为已经走到尽头，暗淡来临，悬崖出现，四野荒芜，希望全无时，突然头顶一阵闪亮，月光流淌而来，原来红地毯已经铺到你脚下啦，你只需脱掉泥泞的鞋子，洗净自己，清清爽爽踩上去。

《雪山大地》第 575 页

还是雪，不大，稀稀落落的，不断地飘，漫不经心的扬洒中有着冬天的老成和从容。一直没有太阳，白色的风把云雾一层层地掀起来，揉成碎末，抛向草原，地上浮起一片乳白的流淌，就像浅浅的漫漶着的水。冻不死的乌鸦愈显得黑了，是明光发亮的那种黑，以动态的弧线和点，镶嵌在空中雪中。

《雪山大地》第 616 页

黑夜就像一个布满星星的大房子，它用除夕的温馨和迎接新年的喜悦制造着围墙，用风的轨迹和声音的交响创建着顶棚。医疗所的院子里，篝火点起来了。所有的医护人员、所有的病人都围在了篝火四周。他们戴着口罩和帽子，或者裹着头巾，有秩序地坐在地上，就像一片海从无尽的远方流淌而来，到了篝火边就用灿烂的笑容戛然而止。可以想见，那些远离光亮的、跟黑夜融为一体看不清面孔的，也是咧嘴憨笑，花朵一样灿烂的。以亮堂为标志的舞台上，作为主持人的梁仁青正在报幕:《献给生别离山的歌》。我们列队来到篝火前，望着黑暗中的人群，望着我们的阿妈——我们并不刻意寻找她，我们看到的所有人，似乎都是我们的阿妈。

《雪山大地》第 628 页

我发现当你深爱着一个人而又能感觉到她同样也深爱着你时，内心深处的波浪就会变成最浅显的涟漪，伴随着风的节奏，持续不衰地轻轻荡漾。

《雪山大地》第 663 页

"雪山、草原、河流不是眼睛看到的，而是从内心深处长出来的"

———访第十一届茅盾文学奖获奖作家杨志军

□ 康春华

从"抬头看天"到"埋头看地"

康春华：杨老师您好，能否分享一下《雪山大地》这部近60万字的长篇小说的写作灵感是怎样诞生的？

杨志军：写作有很深沉的宿命感，当命中注定我要写《雪山大地》时，出现在脑海中的是父亲因高原反应而过早去世前的情形。他那时已经离休，每天中午吃着鸡蛋面糊糊、面包和豆腐乳，兴致勃勃地讲他和他的同龄人的故事。那天父亲对我说，下次到祁连采访时，一定要去看望一下梅花鹿，并讲了它们喜欢出现的草山位置。我听了哈哈大笑，说好像你跟它们是互相认识似的，它们见了我，也一定知道我是谁的儿子。照这样的话，我还得带礼物。父亲也笑了。他对青海高原的感情就是这样深挚到天真，迷醉到仿佛喝了一碗青稞酒。之后我陪他下了一盘军棋，自然是他赢了。当天晚上，我没有跟父亲住在一起，因为母亲回来了。此前她为了刚刚建起的青海省妇幼保健院带队去北京出差学习。父亲那天晚上兴奋地说了许多话，子夜时分，溘然长逝。生命的一瞬就像蜜蜂扇动的翅膀，快速得都来不及分清起落，尤其是由高原肺心病陪伴着的身体，每一声嘀嗒都可能是人生的最后一秒。我骑自行车赶到医院时已是清晨，望着父亲依然青紫的面孔，我的眼泪里映出一片酥油黄，那是盛放了一地的臭牡丹花，是祁连草原夏季牧场梅花鹿惊驰而过后花叶纷飞的样子，是父亲飘逝的魂魄对生前足迹的巡礼。

康春华：您的父亲母亲曾在青藏高原生活和工作过，您青少年时代也在藏区长大。您的创作始终围绕这片土地展开。《雪山大地》相较于您之前的创作，独特性在哪里？

杨志军：青藏大地的丰盈饱满决定了藏族牧人精神世界的丰盈饱满，雪山、草原、河流不是眼睛看到的，而是从内心深处长出来的。我有幸融入他们的生活、他们的精神世界，有幸能够自豪地告诉别人：我的心地上也耸立着包括喜马拉雅山群在内的所有山脉，也流淌着三江之水、雅江之浪、湖泽之光。写作以来，我始终没有停止过对它们的表达，于是有了《大湖断裂》《环湖崩溃》《海昨天退去》《大悲原》《藏獒》《伏藏》《西藏的战争》《巴颜喀拉山的孩子》《三江源的扎西德勒》这些作品。

之后我停下了，停下来是为了卸载和减负，过去我关注的大多是发生在青藏高原的重大历史事件，现在我要面对自己和家庭，面对那些跟父辈们和后辈们有过千丝万缕关系的藏族牧人。想法纷至沓来，过往就像改变了渐行渐远的方向，近了，越来越近了，近到可以一把抓住，满怀拥搂，我和同辈们行着贴面礼，和亲朋好友行着碰头礼，和长辈们行着接吻礼，觉得一下子从高迈的远山回到了平野川谷地带的家里，那顶牛毛褐子的黑帐房里，有我的白铁茶炊、糌粑木碗、绣花卡垫，有燃烧的牛粪火能把我烘热烤化，然后歪倒在地毯上，一梦不醒，直到坐在泥灶上的第一壶奶茶发出吱吱的声音，老妈妈倾斜着茶壶倒满待客的金龙瓷碗。

所以说《雪山大地》这部作品的创作前准备就是把以往的"抬头看天"改为"埋头看地"，把表达历史改为表达现实，把描写别人改为反观自己。不再需要增加什么了，只需把骨血里的积淀一点一点淘洗而出，只需想一想藏族牧人们的日常生活是如何演进的，而对时代变化最有说服力的便是普通人的吃喝拉撒睡，再加上聚——要知道藏族人是喜聚不喜散的。三江源用一滴水照出了整个中国的影子，理想的净土——香巴拉的造型渐渐清晰，地广了，心大了，一转头，才发现诗与远方不在前面而在身后，在那些装满了日子的牛毛帐房和放牧过牛羊的草野莽丛里。是所有人的诗与远方，是空气形态、水形态、植物形态和动物形态共同营造的诗与远方，带着原始的清透与丰饶，也带着现代的宁静与谐美，四合而来。

康春华：有评论家谈道，《雪山大地》全景式展现了藏族牧民传统社会形态和生活样貌的变迁，既书写了当地民众的生活方式、价值观念的改变，也展现了父辈在雪山大地上的建设往事，书写他们为民族团结交融所做出的贡献。对这部作品的文学史价值与时代价值，您自己有什么样的定位？

杨志军：全景代表作品的广度，透视代表作品的深度，立体地表现生活的流动是我最初的想法。生活往往是这样：透视得越深越细微，就越显得日常和凡庸，越有血肉感和在场感。斑斑点点的细节组成了包括藏族牧人在内的父辈们的人生，它们是一切事业的基础。我希望捕捉到风动花摇之间那种一闪而逝的感觉，让书中人物的敏锐也变成读者的敏锐，捕捉到时间的擦痕留给心灵的伤痛里那些不断再生的奇迹。我希望在有意思的人物与故事中捕捉到意义，而意义就是价值，就是在岁月的刀砍斧削下形销骨立的那尊不朽的雕像所代表的生命现象。书中的父亲、母亲、角巴、桑杰和才让就是一尊尊雕像的排列，他们担得起所有的磨难，也担得起所有的荣光，他们把自己活成了"人"的脊梁，从而使整个人群和由此组成的社会共同体，有了向风慕义的榜样。说真的，我没想过"文学史价值与时代价值"，今后也不会朝此方向定位自己的写作，我只需写出自己生命的独特体验，写出我所理解的生活与文学的奇妙联姻，写出仅属于我自己的、折射了历史与现实的内心世界，写出我依旧饱满且涓涓不断的诗意的文字，就已经够了。别的任何追求，对我来说都是余赘。

不仅要有人的理想，还要做一个理想的人

康春华：忧患意识可能是小说的另一特点，这与您知识分子的关怀立场有关。小说书写了上世纪五六十年代父亲、母亲、角巴等人在草原建设过程中不断面对挑战、克服困难的故事，具有丰沛的可读性。您为何在小说中采用这样一种以问题意识为驱动的叙事方法？

杨志军：发现问题、解决问题的过程就是解剖现实、建树理想的过程。历史告诉我们：对一个优秀的现实主义作家来说，建树一定比批判更重要，从建树社会理想到建树人格理想，文学从来不缺乏这方面的冲动，也没有放弃过它从一开始就天然具备的对人类精神的担当。人类精神的轴心时代，那些伟大的哲学家和文学家，都是先有思想再有文字，老子、孔子、孟子如是，苏格拉底、柏拉图、亚里士多德亦如是。1985年，我发表了第一篇中篇小说《大湖断裂》，里面写道：全部生活的意义就在于探索怎样做一个真正的"人"。几十年过去了，我的初衷并没有变，我对理想主义的表述是：不仅要有人的理想，还要做一个理想的人。《雪山大地》说到底是一部写人的作品，"立人"而人立，这是我希望达到的。"为天地立心，为生民立命，为往圣继绝学，为万世开太平"，这应该是中国古代知识分子和当代知识分子共同领有的情怀与格局，是一种"虽不能至，心向往之"的精神高度。

康春华：所以小说中强巴、苗医生这两个形象是您表达对父辈这代人的致敬之意？

杨志军：是的，应该致敬的还有角巴、桑杰、赛毛、姜毛等等为了雪山大地鞠躬尽瘁死而后已的藏族前辈。他们和汉族人一起共同构成了历史发展的脊梁，构成了现实生活中一道道看似平淡却恒久不衰的精神景观，

散发着善良、真诚和智慧的人性之光。正是他们的坚守和努力，维护了人的尊严和雪山大地的温暖。他们的善良和真诚是骨子里和血脉中的，他们营造生活和生命的智慧来自草原的恩养。文学是人学，人的希望和文学的希望是一致的，都是为了达到最高的善和最美的诚。我的人物为德而生，为德而死，拥有一种天然具备的品德。我喜欢他们。

康春华：父亲强巴身上有鲜明的现代文明意识。无论是他对待角巴的态度，还是他办学校、建医院以及经商、保护草原生态等举动，可以说，强巴就如一只翱翔在三江源的理想之鹰，他的现代文明意识是照亮雪山大地的一星弱火，并终成燎原之势。对于这样的人物形象设计您是如何考虑的？

杨志军：对父亲强巴来说，办学校、建医院、搞公司、保护草原，几乎是一种本能的冲动。他只是想把自己已经拥有和即将拥有的一切，变成全体牧人的所有。为此他奋斗不息，直到累死在雪山的怀抱里。很多人以为这是一种理想化的表达，但如果历史所呈现的事件和人物本身就具备真实的理想色彩，那我们何必要画蛇添足地去做理想化的处理呢？刻意的理想化不是我要追求的，一切都是自然生发。要紧的是你发现了理想在平凡宁静中的生长，并且认同它，又为它激动不已。像强巴、苗医生、角巴这样的人既不能说凤毛麟角，也不能说多如牛毛。作为一个写作者，我有过许多次采访，在我被感动、然后去描写的时候，我关注的只是他们的日常表现，只是他们在或繁复或单调的生活中从早起到晚睡的寻常经历。就因为强巴等一众人物平凡庸常，从来不说大话，只知道实干，只知道设身处地为别人着想，才能影响到大众和生活，成为推动历史发展的力量。

向生活学习是文学语言寻找突破点和生长点的唯一途径

康春华：《雪山大地》让人重温了汉语的自由纯粹。当汉语这种古老纯熟的语言奔驰在雪山大地之间，就如同脱去历史因袭的缰绳，接天地之灵气，变得更为辽阔自由、无所拘束。您也谈到"藏语化的汉语写作"，能否具体展开讲讲？您的语言观是怎样的？在您看来，汉语文学创作新的突破点和生长点在哪里？

杨志军：汉语的表达有无限的可能性。首先不是作家自以为是的表达，而是生活中那些自发的、层出不穷的呈现。藏族是一个语言天分极高的民族，目不识丁的牧人由于没有什么规范，自由而创造性地使用着汉语，表达既形象又到位还精彩，一旦遇到抽象的难点和模糊的概念，立刻就会变成比喻，比喻不够再用比画，生动得令人刮目。仔细谛听，能听到生活的底色里那些家什用品和生产工具是如何闪亮登场，牛羊马狗是如何活蹦乱跳，山脉原野是如何迤逦延展，能听到一个塞满形象的内心世界里有多少历史的演进，有多少丰富的积累，有多少出奇制胜的想象，有多少语言之外的生活在悄然无声地陪伴着他们所有的日子。他们创造，我来摹仿，意象生花，诗趣和语风自然就在其中了。

汉语的模式化表达由来已久，但这只是书面的、小说里的，民间从来就不缺乏创造的灵性、自由的律动，活跃得已经到了每年都需增订词典的地步。习惯是语言的法律，向生活学习，向民间学习，历来是文学语言寻找突破点和生长点的唯一途径。僵化有模式，生动也有模式，要使每一个作家都拥有个性化的语言特色其实是不可能的，大部分作家终其一生都会在既定的模式里从精确走向更加精确，从而使模式变成一种典范，而累加不止。只有一小部分对语言格外敏感的作家，才会冒险一试，创新自己的表达方式。但既然是冒险的，就有可能是失败的，成也自由，败也自由，这是语言的宿命。所以在语言的探索中绝对不会有颠覆性的创造，只有移花接木、采撷口语、自然天成，把"己之所用"变成"人之共识"。"老师啦，这篇文章我写不来，前天我想是酥油里抽毛，昨天我想是牦牛身上剪毛，今天早上一碗酸奶喝下去，就变成狼舌头上拔倒刺啦。"意思是本来觉得写文章很容易，一碗酸奶糊住了脑子，就变得难上加难了——这或许就是此时此刻的我。

康春华：您用了"语言天分极高"的判断。将藏民族语言习惯引入小说创作，有什么难点？

杨志军：写作时想让人物更本色地说话，又怕读者不好接受；想让人物都说普通话，又觉得作品的乡土味儿出不来。我常常遇到这样的情形：当你用普通话跟藏族人交谈时，他们往往表现得少言寡语，但如果你用他们习惯了的汉语模式跟他们交谈，他们立刻就会滔滔不绝。这给我一种启示：文学语言应该忠于习惯。语言的目的是交流与表达，而不是为了把语言殿堂化、神圣化和固定化。虽然规范是必须坚守的尺度，但也得承认绝不可能只有一种规范。方域和地缘造成了语言表达的多种方式，文学要尊重它。

康春华：任何一个作家的成长，都会深受自己所热爱的书籍的影响。能否谈谈对您创作历程影响深刻的那些文学经典？

杨志军：我始终都在坚持我给自己确立的文学标准，这个标准是许多文学大师共同参与制定的，他们是屈原、陶潜、李白、杜甫、苏轼、鲁迅，他们是但丁、雨果、莎士比亚、托尔斯泰、陀思妥耶夫斯基、马尔克斯。坚持他们用作品制定的标准，就是坚持我自己的文学性，就能时刻处在被认同的自信里，做一个被点亮、被唤醒的二次光源的拥有者。

生态文学也离不开文学性的表达

康春华：从"藏獒三部曲"到"理想三部曲"，多年以来，您在创作中始终关注人与自然、生态的关系，经由自然生态的视角，您也反观人性的诸种问题。能否谈谈对这个话题的深入思考和感悟？

杨志军：一个物种存在的时间长短和数量多寡取决于它所处的生态位，被需要的机会越多，其生态位也就越稳固。如果一棵树愿意和多数野生动物分享自己的果实和自身的营养，它就会遍布森林，比如热带雨林里的榕树。也就是说，你付出得越多，就越有再生、繁多、茂盛的机会。在生物界，只要是存在的，就都不是极端利己主义和一毛不拔的。所以人之道便是努力做一个对别人有用的人，最大限度地实现自己的社会价值。要紧的是，生态位的高低强弱取决于你的能力而非社会地位和财富多寡，也就是看你能不能更多更广更久地给自己创造被需要的机会；取决于你在别人心目中的有用程度。文学其实一直在弘扬这个主题：损人利己者往往身败名裂，行为高尚者往往永驻人心，即便没有长存的肉体，也会有长存的精神。

康春华：生态文学有特定的书写主题，但如何表达出独特的文学性，每个作家都有自己的主张。您认为作家应当如何写出生态文学中独特的文学性？

杨志军：作品的文学性由故事的创造性、人物的独特性、语言的贴切性和表现形式的丰富性来决定，它不应该因为作品内容和主题的不同而有所改变。有人为温饱住房而努力，有人为改变环境而努力，只要能深度写出人物的命运和人性的善恶，就都有可能成为立得住的文学人物。万万不可什么主题时髦就去写什么，什么话题重大就去写什么，写作者独特的生命体验、长久的生活积累、不断丰富的感情酝酿才是诞生一部好作品的必要条件。换句话说，生态文学自身并不能增加其重要性，让它变成重要作品的唯一原因，就是作品的文学性。不管表现什么主题，只有文学性才能让作品留在读者中和时间里。文学性是一个非常宽泛的概念，它反映了一个写作者的生活、学养、认知、思想、知识，以及对文学的深入程度。故事可以编造，文学性却只能是货真价实的体现。

康春华：面对地球生态环境的危机，不同国家的创作者用不同的艺术形式来表达对这个话题的关注。对于生态文学的前沿议题和前瞻性问题，您觉得作家何为？

杨志军：全球性的生态问题，未必就能产生全球性的生态文学。越是重大的命题，产生真文学好文学的难度就越大。作为微观世界的文学，它对宏观世界的说明一定要有特异性和涵盖性。深度历来是文学的难点，却又是思想的起点，而文学和思想的结合往往是一部作品呈现好故事和独特人物的关键。

常识告诉我们，在我们用基本粒子描述整个世界和宇宙的过程里，最重要的仍然是那个被你首次发现的基本粒子。所以，一定要从独具特色的细微处入手，避免生态文学的表面化和标签化。自然生态是一个环环相扣的结构，观照应该是全方位的，平衡才是关键。文学对生态的干预也应该以平衡为前提、以科学为依据，作家和书中的人物都不能用力过猛。

生态是一种地域性很强的自然现象，各个地区的呈现千差万别，文学也会随之变得五彩纷呈，但对写作者的要求却是一致的，那就是热爱自然、投入自然，把自己看成自然的一部分，用一种大悲悯的生命意识来挽救我们日益衰败的地球。生态文学会更多地参与人类的精神建树，因为它天然不具备实用主义、功利主义和物质主义的市场。青藏高原的自然生态为什么保护得比较好，是因为生活在那里的人用精神信仰给大自然拉起了一道无形无色却又坚不可摧的屏障。具体地说，就是对雪山大地的信仰。信仰自然，从而保护自然，没有什么比这更自然而然的事情了。价值观永远是文学的基石，更是生态文学的筋骨，自然也是成为一个写作者的基本依靠。

采访手记

杨志军回顾自己年轻时候的创作曾说："那时候对文字的掌控还只是一种不能自如驾驭的涌动，无法在挥洒与克制之间做到平衡。"涌动、挥洒、克制、平衡，这些关键词的确是他小说语言带给我的强烈感受。从《环湖崩溃》《海昨天退去》《藏獒》《大悲原》，到《伏藏》《西藏的战争》《巴颜喀拉山的孩子》《三江源的扎西德勒》，青藏高原作为杨志军的"精神高地"，它代表着家族传承、土地滋养、风情融入、血脉联系、情感浸润、精神认同，也代表着生命长河的起源与归属。这片土地的山山水水已构成他精神上的故乡。近年来，他的小说语言将诗性的汪洋恣肆与理性的思辨力度结合得愈发老练浑融，既清澈又充满雪山大地般的生命元气。在《雪山大地》中，他深情回望父亲母亲与几代草原建设者的探索足迹，把对自然、历史与生态文明的关切落脚于共和国建设中汉藏民族交往的"一个人"和"一代人"。他要面对的不仅仅是历史，还包括自己、家庭以及那些和父辈们有过千丝万缕联系的藏族牧人本身。

此次访谈是在杨志军刚刚获知《雪山大地》获得本届茅盾文学奖之后不久进行的。他是郑重的，也是清醒的。作为一个写作者，杨志军始终秉持自觉的写作追求：每一次写作都应当是既熟悉又陌生的行走，没有新发现的旧生活和没有历史感的新生活都不值得表现。我们的采访出乎意料地始于他回忆父亲逝世的那个遥远的下午，访谈过程中，他诚挚的态度，清醒的问题意识，对小说思想性的追求，对形式与内涵的美的判断力，以及鲜明的理想主义色彩都给我留下深刻印象。

《雪山大地》展现了一位纯熟的汉语作家在处理汉藏民族交往历史、脱贫攻坚题材、雪域高原风土人物，以及长篇小说叙事、抒情语调把握、生态文学品格等诸多方面的突出特色。作者写出了以"我的父亲母亲"为代表的共产党人建设雪域高原过程中的赤诚、热血与豪情，而汉族干部与藏族同胞在交往过程中水乳交融的点点滴滴，以及新一代牧民思想观念、精神世界的变迁也随着故事的展开而次第浮现。如同杨志军在采访中所表达的期望：在讲述"雪山大地"的故事时，希望"能有共情者跟我一起歌哭而行，流连忘返，希望自然之爱也是人心之爱，在广袤的故乡厚土上，延续一代比一代更加葳蕤的传承"。

旷天大野，驰马向前

□ 姬小琴

《雪山大地》起初还有一个书名《情深似海》，小说饱含深情地讲述了青海藏区在过去几十年间发生的翻天覆地的变化，以曾经的部落头人、后来的公社主任角巴德吉，做副县长的父亲和医生母亲，以及成长起来的年轻一代才让、江洋、梅朵等为三代建设者的代表，细致绵密地呈现出几代奋斗者为使这片高海拔土地走向现代文明所付出的艰苦努力。

杨志军在青海藏区生活了40年。20岁出头的他，进入青海日报社当牧区记者，常常骑着马来到草原深处，与藏族牧民一起生活，朝夕相处间留下了珍贵的记忆。这对他的创作而言，算得上取之不竭的宝藏。《雪山大地》对这片土地上的人和物的呈现，没有丝毫当成景观或猎奇的味道，写出的全是他们原本的模样。他对这片土地爱得深沉，爱得极致，笔端流淌出来的，是入骨入心的理解、疼惜和敬重。

60万字的书稿称得上一座细节的密林，叙事表情达意酣畅恣肆。看得出，作者写得尽兴。就三审意见进行沟通时，针对结构庞大、人物关系繁复、对话密集等情况，我们请作者对部分相似情节和人物关系做了合并精简处理，在称呼上也做了适当调整以照顾大多数读者的阅读习惯。修改后，书稿"瘦身"10万字。

封面设计环节打磨了很久。美编最初的设计稿是一片洁净阔大的雪山，蓝白双色描绘出诗意悠远的意境。美则美矣，总觉得过于空灵，少了些人文的东西。后来出过一版纯雅白色的封面，漫天飞雪中"父亲"独自一人骑马向前，天地一片肃静。考虑到单一色调（且是白色）封面在视觉冲击力和读者吸引力上不占优势，我们遂将这两版封面做了元素重组，"父亲"依然孤身骑马穿行于风雪中，天蓝和雪白成为背景主调，在保留诗意的同时，人物也以剪影的方式呈现出来。

前不久有机会和杨老师一起重返青藏高原。回到这片土地上的作家杨志军，连口音都神奇地藏语化了，与当地人交谈连连"噢呀（好呀）噢呀（好呀）"；走在草地上，兴奋且如数家珍地介绍密密麻麻的鼠洞怎样帮助草场储存水源，鹰、鼠如何使草原保持生态平衡，严寒时野生动物们如何自动靠近人居住的帐房寻求帮助；天空中不时掠过的百灵鸟、雪雀，雪地里出没的雪狐、雪狼，满墙晒干的牛粪都让作家找回了故乡。他在这里行走自在。

闲聊中杨老师不期然来了一句："很多人都觉得我写的是理想主义，可在这里就是现实。"是啊，一部分人以为的理想主义，对另一部分人来说就是直面的现实。20世纪五六十年代的青海出现了一大批从全国各地赶来的建设者，他们满怀激情，忘我地耕耘着这片土地。那是怎样澎湃昂扬的时代？在已然交通发达、物质丰沛的当下，如我一样的外来者依然要承受高海拔缺氧的环境挑战，在十月飘雪的季节承受风中的酷冷，遥想祖辈父辈如何在艰难的境况里白手建起第一所学校、第一座医院，使这片土地走向现代化，心中更是无限感慨。

有些写作出于兴趣，杨志军写《雪山大地》源自使命。我曾在多个场合听到他说："一个人的历史一定是国家历史的一部分，一个人的情感一定是民族情怀的一部分，一个人的发展一定是时代发展的一部分。"搭配上他的坚定神情，那一刻听者很难不被打动。

我也会暗自揣想，得了茅奖后，杨老师接下来的创作会不会多出此前没有的压力。在访谈中，他这样说："当你把它（写作）当作马拉松赛跑时，它就永远没有止境。当你不想停下，希望继续攀登时，高峰就永远都在前面，不会有真正的登顶，也不会有可以完全停歇的尽头。"

（作者系作家出版社当代文学编辑室副主任、《雪山大地》责任编辑）

《雪山大地》读者热评

@高山流水:《雪山大地》用优美的文字描写了牧场风光和民俗风情，热情歌颂了汉藏人民的淳朴和善良。在这片草原上，人与自然和谐共生，汉藏民族真情互助。他们共同创造了自己独特的文化和精神，他们用生命诠释了什么是草原的灵魂，什么是藏族人民心中的"雪山大地"。

@极简主义者:读完我想说一句：荡气回肠，好的文学作品带给我们的力量是无穷无尽的。文中的父亲母亲，也象征着雪山和大地。数十年间的生命体验，扎根在牧民家庭生活样貌与思想观念的真实变迁，作者以扎实绵密的生活细节、出虚入实的诗意笔墨，刻画了雪域高原的牧场风光、藏地文化的民族风情。身居天寒地冻的雪原荒野，人们更需要心灵抚慰和精神滋养。正所谓"羊铜牛银马黄金"，骏马和藏獒是牧民的忠诚伙伴，歌声与舞蹈是心灵的永恒财富。小说里首部颂歌中的一声声"扎西德勒"，可谓诉尽了作者对灵魂故乡的深情礼赞。

@黎丹:《雪山大地》的语言富于浓郁的民族特色，排比句信手拈来，幽默用语随处可见。书中充盈着对大量同一场景或相同人物之间重复聚餐交流的描述，也充盈着大量的罗列举例，如对草原草类、草原动物、聚餐食品门类、人物姓名、相互问候等。书中每个篇章均以短诗或歌词开章引句，同时又穿插了大量优美的藏族歌曲和藏族谚语典故，彰显了藏民族能歌善舞的天性和丰厚的文化底蕴，也为文章的表情达意增添了一抹亮色。

@三川：本以为小说会晦涩难懂，但看的时候欲罢不能，青藏高原的一景一物在作者笔下都有了生命。每每看到描绘出的草原的天和云、河与湖、雪山和大地，就像在看一幅油画，从文字里感受到草原风霜雨雪的浸润和太阳的滋养。草原用广阔的胸怀哺育生养在此的牧民，牧民用最淳朴的信仰感念自然的馈赠、感恩帮助过他们的人，这才有了角巴和强巴汉藏两家三代人几十年的牵绊，角巴家的纯粹和美好，强巴家的责任与担当，都是他们为了牧民也为了藏区甘于牺牲和奉献的表现。

@王丸子头：我始终被这本书的饱满、真挚所感动，我觉得中国需要这样的书作为纯粹善良的传承，真的会有那样一批人一心为公，能窥见大势，为人不理解但宁愿自己默默洒下辛酸泪水也不放弃对底层人民的援助。这是发生在青海藏区的故事，汉族人民与藏族人民水乳交融，情真意浓。对于藏族人民的虔诚与敬畏我不曾怀疑，当这份信仰转化成古道热肠则让我感动不已。还是那句话，好想去西宁看看、去西藏看看，感受草原的苍茫和带给人们的辽阔。

@在路上：这部小说深深扎根生活大地，又不乏雪域高原的空灵浪漫，把人与自然和谐共生、汉藏民族美美与共的终极大爱书写得让人感动、震撼，让人时不时潸然泪下……尤其是作为一部弘扬主旋律的小说，却时时处处看不到说教。特别是书中对草原自然风情的描写，让人一下子想到了顿河边的草原。"静静的顿河"，静静的雪山大地！

（评论由《文艺报》选自网络平台）

《雪山大地》：他们就是雪山大地

□ 张陵

一

杨志军是一位思想深邃、功力深厚的优秀作家。他对青藏高原的藏区生活非常熟悉，对藏族人民无限感恩。他每一部描写藏区生活的小说，都带着深深的感恩之情。多年前他创作的《藏獒》就是这样的作品，而新近创作的长篇小说《雪山大地》更是这样一部感恩之作。

小说主要的故事线索非常清晰。父亲作为县上的工作人员，在沁多草原蹲点时遇到特大洪水，是一名弱小的藏族妇女牺牲自己的性命，把他拖出洪流。从此，父亲与这个藏族家庭有了某种难以割舍的亲情关系，几十年来风风雨雨，世事变迁，他们的情感却越来越浓厚，完全融成了一家人。父亲一生就生活在沁多草原，生活在雪山大地护佑下的藏区，并且有了一个藏族人的名字：强巴。日晒风吹里，他把自己变成了藏族人的模样，也变得和藏族人一样健壮。更重要的是，他的性格也越来越像藏族人。

为了保护受冤枉的角巴，父亲承担了"瘟牛肉"一案的责任，被免去了刚刚任命不久的副县长职务。经过千辛万苦，在前头人、现公社主任角巴的帮助下，父亲在沁多草原的"一间房"建起了全县第一座小学，自己当起第一任校长，为沁多草原培养出第一代读书人。从这个时候起，"强巴老师"的名字四处传扬，牧人们把他当作草原上的"神"。不可思议的是，父亲的人生理想只是要做一名草原上的牧人。他当了老师，心里却还想着骑马，在广阔的草原上放牧。这所草原小学不仅是孩子们的天堂，在特殊年代里还成了一个避难所，一些在城市受到"文革"冲击的干部被"强巴老师"收留在这里当老师，躲过了人生的一大劫难，其中就有省府的副秘书长李志强。正是因为正义感和良知，父亲莫名其妙成了"强巴案"的主角，被判入狱。等他被平反出来后，世界发生了大变化，中国进入改革开放时代，他的学生都成了现代生活的积极创造者。自己的学生洛洛担任沁多学校校长，每年都有大批学生考上大学、走上工作岗位，沁多教育事业成了全州教育事业的亮点。

当不了老师，他凭着自己的聪明劲儿，开始学做生意。他带着有恩于自己的牧民、角巴的上门女婿桑杰和几个志同道合者，办起了"沁多贸易"公司，动员牧民把牛羊卖出来，由"沁多贸易"统一运到西宁的市场，换些钱来改善牧民的生活。毫无商品意识的牧民很不理解"强巴老师"的做法，州县领导最初也不支持发展商品经济。"沁多贸易"生意做得很困难，只能一点一滴地启发牧人们改变现有的生活方式，以和外面精彩的世界同步，进入商品社会。多年以后，经济发展了，生活发生变化了，老百姓才知道父亲的良苦用心。

其实，当时父亲想得更多的，是对沁多草原未来的担忧。大承包解放了生产力，草原牛羊数目快速增加，但草原的资源却过度消耗，出现了退化现象。如果不改变牧民们的传统观念，发展商品经济，后果将越来越严重。他办"沁多贸易"并不是为了赚钱，更多的是因为一种超前的忧患意识。但父亲天真了。后来的实践证明，光靠经济的方式根本无力改变这种局面，反而会扩大草原的风险。必须有政府的力量、国家的力量介入，才能真正改变草原的环境生态，进入良性发展。于是父亲放弃了所有的生意，接受了组织上的任命，担任州委副书记、副州长的职务，后来又接任州委书记和州长。

在工作岗位上，父亲做了两件改变沁多草原命运的大事。一是请老州长才让出山担任无人区管理局的局长，把那些还看不到更多经济效益但严重挤压草原资源的马群引入无人区，并把无人区提升为国家级的自然保护区。二是为沁多设计更好的经济社会发展前景，力主并着手按照现代城市的要求和水准重新规划沁多县，建造一座生态城市，让牧民离开草原，进入城市生活，还原草原生态环境。这两件事也许并不是最科学的解决方案，却是解决当前沁多草原困境、开辟沁多草原美好未来的根本性大事。父亲毫不犹豫选择了这条可能是最艰难的道路，就像他选择自己当牧人一样坚定。

母亲苗医生的故事是父亲故事的重要组成部分。她本在西宁当外科医生，收入固定，生活相对稳定，却阴差阳错到了父亲工作的沁多草原，一来就再也不走了。因为这里医疗资源严重不足，尤其缺少西医，母亲苗医生几乎成了这里唯一的西医。她的医术并不算特别高明，却治好了许多病人，一下子成了当地的美丽传说，成了草原上的"神"。然而一次惊心动魄的医疗事件，揭开了一个几近恐怖的秘密——大量麻风病人都被抛弃在一个叫"生别离山"的地方，无人照管，没有医生，没有药品，几十年里，病人自生自灭。外科医生出身的母亲承担起麻风病医生的职责，拒绝去大医院当院长，自愿留在生别离山，组建麻风病研究所并担任所长。因为长期与病人接触，母亲染上了麻风病，在与世隔绝的状态下一边搞科研，一边当医生。20多年里，她与父亲的联系全靠"两地书"，通过写信来交流，以保持和增进两人日益浓厚的情感。然而母亲最终还是死于麻风病，父亲则在几年后平静地死在考察的路上，面对的是雪山大地。

故事从感恩写起，落点却在写回报：回报沁多草原的养育之恩，回报雪山大地赐予的勇气和力量，回报藏族人民的深情厚谊。作品主人公用一生的奉献去回报，他的青春、热血、智慧、生命都奉献给了这片雪山大地，奉献给创造自己幸福生活的善良厚道的人民。主人公奉献报恩的情怀像基因一样，传承给了一代又一代的人们。小说中的"我"经过人生的历练，回来当沁多学校的校长。"我"的妻子、优秀的舞蹈艺术家梅朵则放弃自己的艺术前途，来到生别离山，当了一名志愿者，继承了婆婆未完成的事业。哑巴才让在"强巴阿爸"西宁的家中治病读书，不仅可以说话了，而且成为一名留学国外的科学家，几经辗转，最后还是回到沁多，建设自己的城市。桑杰把他做生意所赚的几千万元全部捐给沁多学校，自己过着普通人的日子。连一度离开的洛洛和央金，也回来办起歌舞厅。在这种感恩和回报的关系中，小说的主题得以深化和升华。可以说，《雪山大地》的故事有很高的思想品质和很充实的精神力量。

二

小说的品质和力量，来自小说中的人物形象塑造。

父亲是作品中下了最大功夫也是塑造得最为成功的人物形象。这个人物的精神品质，似乎已经超越了我们所理解的感恩与回报、尊重与情感，他和藏区藏人之间有一种很难描述的天然的生命联系，有一种来自骨子里血脉中的爱。他显然比任何一个汉人都知道，只有成为藏人、成为牧人，才能感知这片土地上的雪山、河流、牧草、树林、蓝天、白云，才能听得见草原上牛羊马之间的对话，才能真正融入沁多草原，才能得到雪山大地自然之神的真正佑护。他不仅使自己融入藏民的生活，也使自己融入藏民的文化。他学会了他们的语言习惯和思维方式，更学会了他们的情感方式和宗教方式。这样的汉族人，能够从藏族人的角度和精神层面进行思考，才真正能够把自己的知识和智慧奉献给这片大地和生活在这片大地上的人们。

如果把父亲的形象与州委书记王石做一点比较，就可以看出，他对藏族人民的感情要比王石更加深沉、更加宽广，也更加融入这片土地。王石一生都在这里工作，一开始他有严重的高原反应，一度想调回西宁，但最后坚持下来了。他是一位党的优秀干部，是一个对藏族人民有很深感情、一心为藏族人民真心服务的共产党人。不过他始终是一个领导干部的角色，始终意识到自己是汉族干部。他有责任有担当，但多多少少也带有居高临下的视角。所以他思考问题时就没有父亲或者说"强巴老师"那样细、那样对路、那样富有藏族特色，情感中也少了那么一点同父亲般说不清、道不明、非逻辑、非理性的因素。可能就是这种因素，使得父亲对藏族生活、藏族文化的向往比别人更加强烈，更加入心，更加动人。也许雪山大地的爱就是这样，也许这片土地上的爱就是这样，也许藏族人民内心的爱就是这样。父亲得到了这样的爱的灵魂，也激活了他这样爱着草原上的人民。"那种在泛滥着亲情的气氛里融化成每一个的一部分存在感，就像从土地上长出一片草，真实而自然，从草原上长出一座山，不经意就有了拔地而起的勇气和自信。"有了这种非凡之爱，这种非凡的勇气和自信，人物形象的性格基调也就牢牢奠定了。

父亲的思想方法和思维方式，看上去和藏族人一样单纯朴实，甚至有些天真。他当副县长时，副州长才让要他把角巴公社主任的职务换掉，因为角巴在当地解放前是个头人。头人是坏人，怎能当公社主任？必须换掉。父亲虽然是党员，却没有从阶级斗争的角度去认识问题，他觉得角巴过去确实是一个拥有大片土地和草场的头人，可当地解放后他主动把所有的土地、草场和财产都交给了公家，自己一无所有。角巴当了公社主任后，威望相当高，牧民们都听他的，而他听县里的。县里让他做什么，他就做什么，做得非常好，而且从不抱怨、从不讲条件。这样的人找都找不来，为什么还要撤掉？所以他一直没有执行副州长的指示，从此得罪了副州长。在"瘟牛肉"事件中，副州长要让角巴来顶自己的过失，但父亲认为这对角巴太不公平，自己把责任承担了起来，救下了无辜的角巴，自己的副县长却当不成了。好在父亲志不在当官，他先当了牧人，后当了老师。他这种不计个人后果、一门心思救人的做法使他得到了牧民们的高度信任，也帮助他顺利把学校办了起来。父亲自己是大学生，教学并不难，当老师很对路。沁多草原开天辟地地有了第一所小学校，有了第一批学生。父亲是在国家经济最困难的时期、人们饿着肚子的时候，提出在沁多草原办教育、办学校的，看似不合时宜，却为后来沁多草原的发展准备了人才、储备了能量，很有远见。正是他把自己融入沁多草原这片大地上，获得了创造的动力，也获得了先进的思想，所以能够站得高、看得远。

作品并没有把父亲当传奇或神话人物来写。他可以被称为沁多草原的传奇，也可以说是沁多草原的英雄，但他仍然是一个普通人。他无法破解"强巴案"的冤屈，无法改变牢狱之灾的命运。出狱以后，他当不了老师也没有工作，为了生计办起了"沁多贸易"，学习做点生意。他本意是想改变沁多草原牧民只养不卖的传统生活习俗，改善牧人的生活，不想却挑战了沁多的文化传统，触动了沁多草原深层的矛盾和问题。后来沁多经济社会发展的事实证明，父亲的眼光是长远的，思想是先进的。其实他这个时候也正陷入思想困惑之中，他本想用"沁多贸易"改变人们传统的思想观念，让大家建立一定的商品意识，通过市场调节来化解草原退化的风险、保护生态环境，可他最终发现靠一己之力根本无法扭转局面，必须要靠党和国家的力量把大家组织起来，才能从根本上扭转草原退化的颓势，真正保护草原的生态。于是他萌生了接受任命、回到领导岗位的想法，而沁多草原也一直默默等待着这样一个人来拯救。所以父亲做官，看似有些超常规，实际上是现实的呼之欲出，是沁多草原的历史选择。小说通过这个人物的坎坷命运，折射出沁多草原的历史与现实，也折射出民族地区的时代变化和历史进步。

父亲形象的确立，引领了其他人物的塑造。母亲是一个感人至深的人物形象，是一个伟大的女性、一个伟大的人道主义者。作品前半部分还看不出她的性格特点，只知道她是贤内助，一人担起全家生活的重任，也是个善良的女人，带着失聪的才让四处求医。进入沁多草原后，母亲苗医生的形象大放异彩、光芒四射，像是沁多草原的保护神一样救死扶伤。她自己选择走进生别离山，救治那些自生自灭的麻风病人，忠实履行一个医生的担当与责任，这个人间地狱般的恐怖之地第一次有了真正的医生，第一次射进了希望的曙光。为了这一切，母亲付出生命的代价。这个形象在某个特定的时候，比父亲的形象更有爆发力，更有心灵的撞击力。

角巴这个人物也写得非常好。他原先是个富裕的头人，当地解放后他把所有财产都捐出去，真心实意拥护共产党、拥护人民政府，自己当了公社主任，忠诚敬业，厚道为人，上级交代的事情都干得无可挑剔，用父亲的评价就是"古道热肠，肝胆照人"。这样的人却长期得不到县领导们的信任，就因为他的出身，连王石、李志强都帮不上忙，出身的阴影伴随着他漫长的人生。可他仍然乐观豁达、单纯快乐，没有任何心理负担，显示出藏族人天然的个性和生活态度。困难时期，省里保育院的几十个孩子没有东西吃，饿得不行，副秘书长李志强实在没办法，求救于父亲——"强巴老师"，父亲也只能求助于角巴。角巴立刻建议把整个保育院转到沁多，然后以他的威望发动牧人支援。在角巴的安排之下，保育院孩子们吃上了沁多草原的牛羊肉，度过了最艰难的岁月。角巴还爱"多管闲事"，帮汉族女人米玛摆脱困境，还娶了走投无路的米玛为妻。他对"雪山大地"之神虔诚无比，每年都要去转山，一转就是三个月。最重要的是他是父亲最忠实的朋友，每当父亲有困难时，他都会无私地伸出援手。他把父亲当朋友，也把父亲当"神"，父亲的每一次选择，他理解也支持、不理解也支持，有时会显得有些盲从，其实更显出他厚道的本色。他们的友谊保持了几十年，历经无数的时代风雨。

还有一个人物值得一提，那就是才让。他可以说是沁多草原的一个"小精灵"，角巴预言这个孩子将来会做大事、成大器。可惜沁多草原缺医少药，他得病后无法及时治疗，成了聋哑人。是父亲把他带到西宁家中，由母亲、姥姥、姥爷带着他把病治好，让他进汉族学校。他的天资很早就显现出来，恢复高考后，他考上了北京的大学，又进入清华大学读博士，后来在德国留学。担任州委书记的父亲一声召唤，他立刻放弃专业，回到沁多草原当副州长，专门负责城市建设和草原生态保护。父亲过世后，他接任州委书记，继续推动城市建设，最终由于过度劳累，牺牲在了岗位上。

小说重点书写了四个牺牲者的故事，塑造了牺牲者的形象。他们每个人经历不同、个性不同，但同是一家人，同样把自己的生命献给了沁多草原。如果说雪山大地是自然之神，护佑着一方水土的话，那么牺牲者们就是给雪山大地注入了新的生命、新的动力、新的灵魂。他们就是雪山大地。

三

父亲的故事、父亲的形象，反映了新中国成立以来，中国新一代知识分子在青藏高原与藏族人民共同开辟新生活的历史现实，表现了那个时代下艰难而伟大的创造精神，其主题和思想内涵有几点应该引发我们的思考。

其一，作品主题体现了人民的精神。作品一开始就把背景推到20世纪60年代的三年困难时期，内地老百姓日子过得很苦。沁多草原虽然牛羊肉还不算短缺，却承担着支援省上的艰巨任务。作品写道，大批牛羊肉都要运到省里，沁多草原的资源越来越枯竭，牧民们的生活其实同样非常苦。但他们顽强的生存能力和创造生活的能力，不仅使他们活了下来，也养活了许多汉族孩子。父亲就是在这个年代来到这片土地，并受到在这片土地上生活的人们的激励，也学会了如何生活。是这里的人民用生命的代价把他从洪水中救出，是这片草原养育了他的身体，是这里的人民坚韧地生活着，创造了自己的文化和自己的精神，传递给父亲无穷的能量和无穷的智慧。他对这片土地无限感恩，也用一生来回报。作品热情歌颂了人民创造生活的精神，生动赞美了每一位普通人。

其二，作品体现了血脉相连的民族关系。少数民族在历史上受尽统治阶级最深重的压迫，与内地老百姓相比，头上多了民族压迫这座大山。在一些汉族统治者的政策里，少数民族是落后民族，总是处于被欺凌被歧视的地位。新中国成立后，少数民族作为中华民族大家庭一员，得到平等的待遇，政治地位、经济地位、社会地位、文化地位大大提高。然而在现实中，民族地区的经济还相对滞后，百姓生活还非常艰难，问题还很多，因此需要大批汉族干部进入民族地区，帮助当地老百姓振兴经济，改变苦难命运。作为汉族干部的父亲之所以受到藏区人民的欢迎与爱戴，被认为是真正的好人，就在于父亲除了实实在在做事外，还特别尊重民族地区的文化。在他眼里，少数民族地区经济落后，但文化却一点也不落后。千百年来，他们创造了自己独特的生活，也创造了自己独特的文化，这种文化与汉族文化同样优美、同样灿烂、同样先进。父亲就是深受这样的文化感染，深爱和崇敬这样的文化，心灵才得到净化和洗礼。如果每一个党的干部都能像父亲那样，从内心深处爱着少数民族文化，在精神上真正尊重少数民族文化，那么民族关系将牢不可破。作品通过父亲的形象，表达了这一思想。在作家的情感、思想和立场里，少数民族文化是一种"雪山大地"的文化，从某种意义上说，是人世间最美好的文化。一个汉族作家能有这样的认识，难能可贵，这也是这部作品思想情感丰足于其他同类题材作品之处。

其三，作品体现了人与自然和谐相处的生态文明理念。作品中的沁多草原应该与三江源地区十分接近，三江源号称"中华水塔"，与中华民族的生存发展有着深刻关系，因此三江源的生态保护工作意义非凡。从作品的描写看，沁多草原的生态非常脆弱，经济一发展，草原退化问题就马上显现出来，而且越来越突出，触及了我们这个时代的一个深层次矛盾——发展与保护。父亲后半生的工作，几乎都在揭示和破解这个难题。一方面要让牧人的生活越来越好，分享中国改革开放的实惠；另一方面又必须坚决保护好沁多草原的生态，造福子孙后代。这对尖锐、复杂、严峻的经济社会发展的矛盾，考验着父亲的思想智慧和执政能力。经过深入调研和科学论证，父亲做出了一个决定，即在草原边缘建造一座现代意义上的生态城市，让牧民整体迁出、转换身份，学习和适应城市生活，让草原休养生息。也许这种城市化进程也会带来问题和矛盾，却是当时人们保护生态、绿色发展的最佳选择。作品所表达的生态文明理念具有我们时代的先进性，深化了作品的思想主题。

我们当然还可以从更多层面来讨论《雪山大地》的主题，不过，仅从以上几点，就足以看出作品主题是如何挺立起来，如何站到时代精神的高地。

四

与其说《雪山大地》是一部现实主义作品，不如说它的气质风格更接近浪漫主义。作品用一种赞美欣赏的态度描写牧场风光和民俗风情，大山的雄伟、草原的宁静，充满诗情画意，犹如美丽的画卷，确实带有浪漫主义文学的气质和品格。特别是对生活矛盾和人与人之间关系的描写，作者显然不忍心用传统现实主义冷峻无情的人性批判手法去加以揭示，而是采用更加温情暖意的表达。例如，父亲的性格永远是坚忍执着的，永远守望着自己真实的内心，绝不向现实妥协，绝不受世俗污染。这使他常常处于不利的位置，却保全了他那颗爱与善的人性之心。

在描写王石与老才让之间的矛盾时，作品也很有控制力，尽可能不让两个人的关系突破底线。老才让一直给父亲"穿小鞋"，甚至在政治上几近针对父亲，只因为他和父亲说"我不会是一个永远忘恩负义的人"，父亲就原谅了他的所有过失，还找机会让他参与了草原生态建设工程。这个人物的面目不是很清晰，倒是把父亲善良厚道的性格衬托得更清晰。

小说对父亲特别喜欢的白马"日尕"的描写，也带着浪漫色彩。对于这匹马，作品以"马肉、马精、马神、马心"来具体定义，如"马心"说的是它和主人的关系："它有人的感情，有对人的模仿，还有献身的勇气。它没有道德感，但它有超强的记忆，其中包括了对亲疏、敌友、是非、荣辱、对错、好恶的记忆。应该说人具备的它都具备，人不具备的它也具备。"日孕就是这样一匹好马。它一直在父亲身边，与他共同闯过了许多难关。当草原退化、不再需要马的时候，它则心有灵犀，主动带着马群离开沁多草原，进入无人区，开辟它们新的生活天地。这样一匹"神马"，被作品赋予了深刻涵义，是典型的浪漫主义式的象征。

可以看出，作品从故事走向到人物的情感基调、性格基调以及对沁多草原风物的描写，都透着一种浪漫的情怀，都透着一种如"雪山大地"一般伟大而神秘的自然神性。也许浪漫主义式的描写才真正抓住了沁多草原的灵魂，这样的小说今天已非常鲜见。

《雪山大地》：献给青藏高原父辈们的纪念碑

□ 张薇

　　杨志军最新长篇小说《雪山大地》同时入选中国作家协会"新时代山乡巨变创作计划"和"新时代文学攀登计划"，近期由作家出版社出版。这是一部恢宏的草原史诗、一条流淌信仰的时代之河、一座献给青藏高原父辈们的纪念碑。杨志军重返藏地写作，以他标志性的诗性语言，展现了1949年以后地处黄河源头的青海藏区发生的波澜壮阔的历史变迁。小说描写汉族干部"父亲"来到沁多草原的野马滩蹲点，调查走访牧民的生存状况，遇见沁多公社主任角巴德吉，角巴让牧人桑杰带着父亲去野马滩，就此开启了父亲与桑杰汉藏两个家族、两个民族的生命传奇。围绕着他们的命运，一幅时代的历史画卷在苍茫的雪山大地展开。

　　杨志军倾情描写了一群真实生动、勇力过人的汉藏人物，他们在1949年以后的时代风云里，与青藏高原的雪山大地共同经历了沧桑巨变。

　　小说中的汉族人物形象是青海高原三代建设者的精神图谱。父亲作为派驻草原的蹲点干部，甫一遇见沁多草原极有威望的原部落头人、现公社主任角巴德吉，就被角巴起了一个藏族名字"强巴"，赢得了藏民的信任和尊重。他跟随牧民桑杰一家从野牛沟搬迁到野马滩，住进桑杰家的帐房，目睹桑杰遭到当地牧人的暴力驱赶，父亲认为接触牧人是他的工作职责，便骑马寻找那些牧人以求沟通对话，但突遇野马河水汹涌狂泻，桑杰的妻子赛毛为救父亲被激流冲走。父亲把桑杰、赛毛的聋哑儿子才让带到省城西宁治病，让他们的女儿梅朵到西宁上学，就此，年幼的才让和妹妹梅朵生活在母亲苗苗阿妈、姥姥、姥爷和"我"的家里直到成人。代理沁多县副县长的父亲为角巴德吉仗义执言、为王石书记分担重任、与才让县长斗智斗勇；作为校长创办了沁多县第一所学校、接纳了饥荒年头迁至沁多草原的西宁保育院；因收留省上来沁多避难的老师，父亲遭人举报被免去校长职务，从经营小卖部开始，改善牧民生活、启蒙金钱意识、联结现代文明、发展草原经济，成立了沁多县第一家贸易公司；为拯救草场恶化的草原穷尽各种力量，在担任阿尼玛卿州委领导后，建造一座城市，对牧人实施十年搬迁计划，把草原还给草原，牧人开始新的文明生活，丹玛久尼自然保护区应运而生，人与自然的和谐共生使草原正在走向自然生态完美的人类生活示范区。在为草原竭尽所能后，父亲敬畏雪山的心脏停止了跳动。

母亲苗医生善待帮助上门求医的藏地牧人，选择从西宁下放到沁多县卫生所，为草原培训医护人员，竭尽心力医治病人，在她的努力奔走下建起了沁多县第一所医院。当看到当地的麻风病人被驱逐到与世隔绝的生别离山自生自灭时，怀着仁心大爱，母亲主动到生别离山救治病人，在生别离山建成麻风病医疗所，最终因被传染麻风病而殉职。姥姥、姥爷为儿女殚精竭虑，又用他们的仁慈和爱心抚养藏族孩子才让和梅朵；"我"的成长伴随着草原的风，终而成就了一个"藏族人"的梦想。

与汉族人物形象共同构成雪山大地生命风景的是草原藏族人物群像。原部落头人角巴德吉为新生的政府赠送牛羊、奉献草场，主动把自己的部落改成公社。成为公社主任的角巴以自己的威望成为沟通连接牧人与父亲的桥梁，倾尽所能辅助父亲实现建设草原的设想。在说服野马雪山的牧人搬迁到沁多城的路上，已是角巴爷爷的老人陷落深不见底的雪渊，消失在雪山大地。妻子赛毛为救父亲被激流卷走后，桑杰与角巴的女儿卓玛结婚。继任公社主任的桑杰秉承岳父角巴的职责，成为父亲在草原工作中依靠的中坚力量。新一代藏族儿女才让、梅朵接受了更高的教育，唤醒生命的潜能。才让出国深造，在成为博士后选择回归草原造福一方，年轻的生命与雪山大地融为一体，也倒在了阿尼玛卿草原的黎明里。有歌舞天赋的梅朵最终放弃如日中天的演艺事业，回到草原，在汉族母亲苗苗阿妈献身的生别离山医疗所从事为麻风病人整容护理的工作。他们周围涌动着一群热血藏民，在时代的变迁中完成了自身的艰难前行。

作为历史的亲历者，杨志军的书写惊人地真实。20世纪五六十年代的青海有一大批同小说中的父亲母亲一样来自全国各地的建设者，他们满怀激情充满信念，毫不作伪地坚守自己的工作原则。对于他们而言，生命和使命是一体的，责任与担当是交融的，勇气与奉献是不需要理由的，他们纯真、热情、诚朴、厚道，良心是指导他们生活与工作的天然指针，无须认证，他们便领有雪山大地的情怀与胸襟。也许在今天看来，父亲母亲忘我的工作投入有些不可思议，那一群人的生活是"理想化"的回望，但在那片大地上有过相同经历的几代人，会有深刻的心灵认同和刻骨的灵魂记忆。父辈们就是以那种理想主义的姿态种植着希望的种子，实践着他们自觉承担的使命与创造。他们蓬勃的生命激情在一个新的时代如新鲜的日出，照亮每一个在他们的生命中路过的生命。当然他们的忘我也意味着对家庭子女的疏于照顾，这也同时带给子一代多重情境的生命感受。一部分子女成为杨志军这样的新的年轻的理想主义者，锻造出了与父辈气息相同、灵魂契合的精神品格；另一些子女则在与父母的疏离中有着难以抹去的伤痕，只有当子一代也历经世事之后，才真正理解了父辈博大、宽阔、深沉的爱，理解了他们沉重的牺牲和飞蛾扑火般的奉献，也理解了他们纯洁的理想信念和由此迸发出的强大生命力。读《雪山大地》，是一个重新审视父辈与自我生命的过程，也是一个重新认识时代与命运的机缘，更是信念坚定与人格完整的心灵鉴证。子一代就此与童年和解，找到故乡，完成与父辈们的情感相融，并在他们的生命光亮里看到自己生命的出处与出路。

与父辈的际遇相对应的，是杨志军塑造的藏民形象，他所描写的藏民生活与生命情境同样真实，他们的话语、表情、待人接物和理解事物的方式，对自然的丰富情感、信仰雪山大地的诚敬在作品中呼之欲出，一如生活本身的流淌。他们身上所沐浴的草原的阳光，使得角巴和米玛、桑杰和赛毛、才让和梅朵几代人光彩夺目，也使得一些情节，比如盗马贼阿旺秋吉在知错之后的忏悔与死亡，充满了令人震撼的道德加持。只有怀着对一个民族无比热爱的情感，才能如此饱满丰盈地描绘出他们的生活，在他们的信仰里看到爱的光芒。

《雪山大地》是一部属于高原父辈的史诗。父亲与角巴的相遇是命运的相遇，也是历史的相遇，他们的相遇使两个人、两家人、两个民族的命运轨迹重合，有了新的现实走向。杨志军写汉藏两个家庭的联姻、两个民族的融合，写他们共度的艰辛岁月，互为彼此的成全、照拂、温暖与爱，在雪山大地上建起的现代文明生活，就是在写父辈们的精神光亮如何成为一代代汉藏儿女的精神遗产。尤为令人感喟的是，如果说以往杨志军多写"父亲"，《雪山大地》中的"母亲"则与"父亲"并驾齐驱，在某种程度上更具强烈的情感。父亲和母亲一生视草原为生命依归，父亲强巴具有远见卓识，胆略过人、情深似海，有道义担当；母亲则是一个极其坚忍、沉毅、诚挚、利他、勇敢的形象，她总是行动走在言语之前，对待家人、对待病患尽显大地母性。因治疗麻风病人被感染后，母亲为了保护家人，几年时间里独自隔绝在生别离山直至离世。生别离，真是令人肝肠寸断！而生别离山又是麻风病人的避难所，母亲在这儿建起了医疗所，专门救治被世人所抛弃的麻风病患，对待病人慈悲、耐心、尊重，赋予他们人的尊严。女性的柔软绽放出强韧的力量，她的沉默的牺牲、她的众生平等、她的爱的行动，使她成为与父亲比肩的理想的"人"。可以说，"母亲"的在场与"父亲"共同构成了黄河的母性与父性复杂气质的完整样貌：源头出发时的平静、清澈、涓涓细流，继而生命勃发、惊涛拍岸，气象浩荡，奔流到海。

与父亲母亲相辉映而绝不可忽视的形象是老一代姥姥、姥爷的角色，他们在艰难年代负重坚韧，从不抱怨，对孩子们加倍护佑，对众生无差别尊重，仁爱善行，深明大义，更重要的是他们承担着修复、弥合家庭关系的黏合剂的角色，使得汉藏两家的氛围无论清贫还是富裕都充盈着爱与和谐，家人们得以心灵健康、情感丰富。这是非常幸运也是极其重要的品质，因为有了姥姥姥爷，孩子们没有遭遇远离父母的创伤，他们的成长有赖于老一代最朴素也最饱满的心灵呵护与情感支持。当姥爷去世、姥姥失踪后，杨志军以磅礴的情感写道："姥姥，姥姥，她是才让和琼吉的姥姥，是我和梅朵的姥姥，是一把屎一把尿拉扯过嘎嘎的姥姥，是索南和普赤的姥姥，也是父亲、母亲、桑杰、卓玛、尼玛、旺姆、洛洛、央金、格列的姥姥，连角巴爷爷和米玛奶奶也叫她姥姥……"小说中的藏族音乐人洛洛由此写下新歌《姥姥》："你是藏族的姥姥是汉族的姥姥……你靠近雪山是否已成高洁的姥姥？"这是令人动容的呼唤，也是漫长的民族融合史上极为瑰丽浓墨重彩的吟诵。

由"父亲""母亲""姥姥"以及他们身后的几代高原建设者构成的"父辈们"，拥有如此强健的精神骨骼，如此丰沛的情感原野，如此隐忍而生生不息的沉静的力量，他们配得上一部史诗的传唱。

《雪山大地》堪称一部理想主义的杰作。杨志军写作伊始就一直致力于理想主义的求索，他迄今的全部重要作品都贯穿着一个创作理想，即高扬理想主义信念，他从不讳言自己是个理想主义者。《雪山大地》描写的是小说中"父亲""母亲"的生命历程，也是现实中杨志军父亲母亲的人生往事，他们的经历像一颗信念的种子播撒在杨志军的内心，成为他生命的信仰，也成为他的理想主义启蒙。杨志军的父亲少小离家外出求学，1949年后随部队西进，沿途参与创办《宝鸡日报》《甘肃日报》《青海日报》，定居青海后常年在藏地牧区工作，与藏地民众结下深厚情谊，后担任青海省文联领导，60多岁因高原病过早离世，用生命践行了一个知识分子在高原的使命。杨志军的母亲是青海本地第一批专业妇产科医生，曾在北京协和医院进修，从师于中国著名妇产科医生林巧稚，医术精湛，一身风骨，近80岁仍在坐专家门诊。西宁是多民族聚居地，父亲和母亲的知识分子情怀是一股暖风，吹向他们能够触及的广大的生命原野，艰厄与困顿中的人都是他们照拂的对象，在他们悲悯的心胸里，汉族、藏族或其他少数民族之间没有阶层，没有分界，没有荆棘竖起的篱笆，他们的信念就是治病救人、惠及众生。这是时代罕见的自觉与清醒，老一代知识分子的理想坚守放射出卓绝的光芒。幼年杨志军的很多快乐都来自父母因工作而接触的草原藏民，他喜欢这些淳厚的人，也喜欢跟随他们去草原。大自然凛冽的忧伤与生命的旷远，从儿时起就为杨志军种下一生写作的哲思与诗性，父母的人生经历与人格风范则点燃了杨志军的理想激情，"就像从草原上长出了一座山，不经意中就有了拔地而起的勇气和自信"。

杨志军有篇纪实散文《十万嘛呢》，纪念一位草原藏族母亲的坚忍、慈悲和情义，她照亮了来自城市的汉族青年杨志军23岁的生命。杨志军认为这篇散文对他而言具有个人精神里程碑的意义，我相信，当年轻的杨志军站在草原深处，胸中涌动的一定是同父辈一样的情愫，他的视野投向茫茫雪山大地，他的生命与广袤的苍穹有了深邃联结。这样的联结使杨志军保有难得的纯真，这是一种稀有的品质，正是这种纯真决定了其人格特征，也决定了《雪山大地》的文学品格，成就了他的理想主义叙事。

《雪山大地》共有十七章，每一章都有一首诗歌作为题记，每首诗歌都通向理想，是关于爱的呼唤，是为天地间的生灵祈愿。随着故事发展，诗歌内容层层递进，从向上的路衔接着天空的爱与太阳，经过山、水、星、花、动物等自然万物，到夏天的繁绿、牧草的浩荡、冬天的雪白、源头的安详，直至最后一章即第十七章"雪白"爆发出草原高亢广阔的长调："是天空的表情，是城市的符号，/是草原的标志，是乡村的神态，/是一切璀璨之上的璀璨，/那永不放弃的爱念——扎西德勒"，理想的人类关系、生命形态、自然存在、世界样貌都指向一个大写的"爱"——扎西德勒。藏民角巴、桑杰们怀着信仰朝拜雪山大地，信仰教给他们的不是为了个人，而是众生幸福。所以赛毛可以为了初次相识的汉人"父亲"而舍命；桑杰可以因为"父亲"敬拜雪山的细节接纳他成为家人；角巴把草原风雪中最后的生存机会留给了他的同胞；原沁多县委书记王石在高原病的折磨下，需要往返西宁城与沁多草原缓解病症，面对种种压力，依然在艰难中支持父亲的工作与梦想；原沁多县县长老才让最初对父亲排外专断，后渐渐放权给父亲，让他有机会为草原谋长远大计；子一辈的才让在美国取得博士学位后重返草原；梅朵来到生别离山继承汉族"母亲"的志愿……被雪山大地的金光指引的父亲，用生命守护草原的壮怀激烈就有了理想的出处："是灵魂本该如此的表现，是骨子里必然拥有的激情的喷溅，是随着血液汩汩流淌的冲动，就像他以往所做的一切，除了理念的支撑，更多的则是本能和天性的释放，是一个叫赛毛的女人用以命救命的办法烙印在他身上的宿命：阿尼玛卿草原从此就交给你啦。"

杨志军对大自然的热爱使得《雪山大地》成为一条从雪山奔腾而下的河流，有平缓，有激越，有翻滚的浪，有一泻千里的狂卷……他的理想主义激情在这条大河里裹挟着读者不能停止地奔向远方。在杨志军笔下，草原的每一次出场都是新鲜的露水，绝无重复，数不清的植物信手拈来，它们在大地上生长得如此恣意放纵、自由烂漫，雪山的形貌在他笔下变幻多姿、熠熠生辉。也因此，当草原荒芜、草场退化时，大自然的美与颓败形成鲜明对比，令人惊心动魄，父亲一次次倔强挽救与重建草原的努力便格外令人动容。

角巴送给父亲一匹卓越且富有灵性的马——日尕，它有完美的身躯、劲健的蹄子、行动的耐力、奔涌的气势、狂热的激情、牺牲的精神，与主人有心灵感应，是大自然的造化、天地间的精灵。父亲和日尕，一人一马行走草原，犹如仗剑走天涯的侠客，随处建功立业。杨志军对日尕有大段大段声情并茂极富动感的细致描写，人与动物的和谐默契达到极致，父亲幻化为日杲，日杲成为父亲，他们伫立在圣洁的雪山脚下，满含热泪深情瞩望大地上的人，倾听着雪山大地上响彻的学生们齐声朗读父亲编创的文句的声音，那闪耀在孩子们心头的理想光辉经久不息："我生地球，仰观宇宙，大地为母，苍天为父，悠悠远古，漫漫前路，人人相亲，物物和睦，山河俊秀，处处温柔，四海五洲，爱爱相守，家国必忧，做人为首……"

　　这是杨志军成为理想主义者的基石。拥有这样的胸襟，杨志军的作品才充盈着宇宙星空、自然生命、雪山大地。父亲创建的沁多城野马雪山广场上，有一座用哈达雕塑而成的冰晶雪山，是人们献给父辈们的有形纪念碑，而一座无形的纪念碑则永远耸立在《雪山大地》。

宝水

乔叶

乔叶——著

七零后长篇小说的突围力作　　　与新时代同频共振
乡土中国现代化的文学书写　　　在新山乡落地生根

在更高的天空，有鸟在飞。在更远的山谷，有风吹过。西在更深的地下，有水正流。可以想象这水流到地面上成为溪成为河的样子，在此时的日光下，一定角金光粼粼。

乔叶·《宝水》

出 版 社： 北京十月文艺出版社

出版时间： 2022 年 11 月

责任编辑： 王淑红　　窦玉帅　　樊金凤

乔叶的《宝水》，风行水上，自然成文，映照着"山乡巨变"。移步换景的风俗风情与豆棚瓜架的倾心絮语，涵容着传统中国深厚绵延的伦常智慧和新时代方生方长、朝气蓬勃的新观念、新情感、新经验。在创造新生活的实践和人的精神成长中，构造融汇传统与现代、内心与外在的艺术形态，为乡土书写打开了新的空间。 有鉴于此，授予《宝水》第十一届茅盾文学奖。

生活是创作的宝水

□ 乔叶

《宝水》面世后，很多人问我为什么以"宝水"为书名，我解释说，表面缘由是小说中的村里有一眼泉水，泉眼状如元宝，因此得名宝水泉，村名就叫宝水村。小说写的是村中故事，自然以此取名。深层所指则是宝贵的人民力量。正如村里每户人家都怀揣着对幸福生活的热望，生生不息、努力向前，他们的精气神是《宝水》的灵魂。为了创作《宝水》，在对新时代乡村持续跟踪体察的过程中，我也深切感受到了"生活是创作的宝水"。

毋庸置疑，生活中有创作需要的一切。我越来越深刻地感受到：当你真正深入生活时，生活必然会回报你。这回报意味着你能得到来自写作本身的奖赏，生活会把它迷人的光芒和气息呈现在作品中。

得知获奖，先是惊喜，之后就是感谢。想要感谢的太多了，特别想要感谢的，是两个地理概念：老家河南和新家北京。《宝水》写的是河南的乡村故事，最基本的体验和感受都来自河南。可以说，《宝水》的创作是从河南出发，走了七八年后，在北京抵达了我心目中比较理想的完成。在北京的生活对我的写作有着非常重要的提升，如果说《宝水》的情感基因是河南，那么背后的精神气场就是北京。更要感谢这个伟大的时代，是时代提供的丰富可能性，让我非常幸运地享受到了多重福利。

我一直认为，作家的写作必然是在时代中，必然会和时代场景、时代情绪相关联。作家和时代就是浪花和大海、庄稼和土地的关系，弱水三千取一瓢饮，这一瓢水里也是时代的成分。在这个大时代里，我很幸运地取到了属于自己的"宝水"。在以后的创作中，我也必将依赖生活的"宝水"给予的滋养，获得继续成长的可能。

《宝水》片段

要是我能变小就好了。那就能钻进她的嘴里，跑进她的喉咙，看她咽下去的那句话是什么。这么想着，果然我就迅速开始变小，越来越小，小到如童话里的拇指姑娘。然后，我就站在了她的唇边。唇已经没有了血色，唇面却还柔软着，还有着奇异的弹性，踩在上面能感觉到鲜明的高低起伏，似乎每一步都会摔跤。

《宝水》第 4 页

亲人若要隔世相见，也只有梦。他们在梦中走路，做事，说话，一颦一笑，栩栩如生。常常的，在梦中也知是梦，也知如生不是生，不过既已是梦，如生也好。

《宝水》第 7 页

我笑。所谓老家，怎么说呢，这个圈看怎么画。可大可小。在国际层面上，所有中国人都是一个老家。到了国内，老家就缩小至各自省份，同一个省里的，往下就细化到了市县乡镇，如同剥洋葱，一圈一圈剥下来，直至到了村，才算到了老家的神经末梢，再没处分岔。而在县这一级上，我和老原还真是共有着一个老家。

《宝水》第 10 页

早已听熟了他的语音，因为太熟，便有一种稳踏踏的节奏感。也不知道是因这节奏感还是因昨晚熬得困乏，我越来越昏昏欲睡，终是在不知不觉中打了一个盹儿，便又做了一个梦。

是一条隧道，不宽，也不窄，不高，也不低，只能容我一个人在里面行走。虽是隧道，却一点儿也不黑暗。隧道壁很薄，阳光把隧道里晕染出一种柔和的明黄。道内是一个标准的圆，上下左右哪儿哪儿哪儿都是弧形，还一弹一弹的。我撑开两手，扶着薄壁，小心翼翼地走着。薄壁也一弹一弹的，清润洁净。靠近了去闻，有一丝熟悉的淡甜气儿。伸出舌头舔了一下，居然舔出了一个口儿。哎呀，这也太不结实了吧。我透过那个口儿向外瞧，口儿一下子变得大了许多，我便伸出了脑袋——

一片淡黄的森林，每一棵树都是通体的淡黄色。我突然意识到，原来每一棵树都是一棵麦子，我正置身于麦秆中。这个颜色的麦秆，是快该收麦子了吧？要是有人来割麦子，把我拦腰割断，可怎么好呢？我急起来，想要爬出去，这时候，仿佛有风吹动，麦子森林摇啊，摇啊，我跌倒了。想要站起来，可麦管壁那么滑，怎么也使不上劲儿……原来是老原在摇我的胳膊，说快要到了。

我说看来你老家挺对我的征候，在奔向它的路上都能睡上一觉。老原笑。

《宝水》第 11 页

水的存在，也叫我明了很多事理。比如说，水能让人活，也能让人死。水能叫东西干净，也能叫东西脏。比如说，水能最软，也能最硬。能最热，也能最冷。比如说，水能成云成雨，也能成雪成霜，还能含到土里成墒。再比如说，人往高处走，水往低处流。你以为水往低处流就贱了？它可厉害着呢，到哪儿降伏哪儿。

《宝水》第 13 页

麦子晒好后，另一个时刻便郑重来临：存新粮。奶奶卧室的角落里，一溜儿放着三口大缸，每一口缸都被一张硬苇席子收成一个圆，扎在缸口，称之为圈，后来我才知道，这种结构就是囤这个字的本义。要存新粮，得先把陈粮倒出来，我不爱干这活儿。陈粮的陈气我不喜欢闻，新粮的土气也不想忍受。是的，翻晒好的麦子看着虽是很干净，却还是有土。所谓的土气从这新麦身上就能领略得淋漓尽致。当你来到缸边，把麦子往缸里倒时，那一股冲腾而上的气，就是土气。每次被土气呛得让我忍不住对奶奶发牢骚时，她老人家都会说：你是饿得轻。家有存粮，心里不慌。恁好的粮，咋还敢嫌弃。

父亲参与劳动的环节只有割麦，往往是一割完麦子父亲就回了象城。多年之后我才明白奶奶为什么一定会叫他回来。其实她从来没指望他能干多少活儿，他的回来具备的是典型的象征意义：都看见了吧，这个远在象城的很有本事的儿子多孝顺、多听我的话。你们给地家帮的忙不会白白浪费，他都会看在眼里，记在心里。这笔人情债，你们不会亏本。

"人情似锯，你来我去。"这是奶奶的嘴边话。多年后我才能明白，对奶奶而言，这句话的重点是"你来我去"，对我们小家而言，重点却是"人情似锯"。被锯着，怎么能不疼呢？

《宝水》第 184 页

维，系物之大绳，这是辞典里所释的本义。奶奶维人的这根长绳在我出生之前就已经开始了编织，不，甚至在父亲出生之时就开始了编织。正因为此，哪怕丈夫长年不在家，哪怕自己成了拖着两个孩子的寡妇，她也依然能让小门小户的地家在村里支撑住稳定的地位，保持住起码的体面。而后父亲能在那个年代被推荐去读大学，当上了名额极其宝贵的工农兵大学生，依傍的就是她的维人。等父亲在象城里立定了脚跟，她更是抓牢了这个出息的长子来继续维人。她让他一件件地给村里人办事，一方面既是在道义上对村里回报人情，一方面也是在为叔叔谋划。所以叔叔即便是才智平平腿疾严重，却还是能娶上不错的媳妇。而父亲地壮作为奶奶后半辈子维人的支点，且是最重要的支点，也注定会被来自福田庄的人情线捆扎着，陷入这泥淖一样的深网中。

回想起来，那些线其实很细、极细。细如一句话：吃了没？这闺女真白。咋恁白呀。或者是一个笑纹，笑得努力，笑得使劲儿，仿佛那笑纹里有软绵绵的触手，想要把你包裹起来。细如他们看到父亲回来就紧走两步去打招呼时鞋底击打地面的嚓嚓声，然后，嚓嚓声跟着父亲进了我家的门，说东说西，问这问那。坐够了，在起身要走不走时，或是在父亲把他们送到门口时，他们才貌似不经意地说，有个啥啥事，能不能给问问？能不能找找人？父亲说，中。——隔着漫长的时光，我仿佛看见那些细线柔柔地围系在父亲的脖子上，一圈，又一圈。这道线下去，那道线又上来。线刻在父亲的脖子上，成了颈纹。刻在他的脸上，成了皱纹。郁闷时是愁纹，有时也会变成笑纹。

其中一条线，就是我。因从小被奶奶养在福田庄，在浑然不觉中，我也成了捆扎他的一条线。在意识到这一点后，我对福田庄的厌恶便更甚一层。

《宝水》第 190 页

此时车已攀至高处，视线几乎能与山顶平行。在高处看山才知道为什么山会被叫作"一道道"。是的，就是这样。一道又一道，近处深蓝，远处浅蓝，蓝至无穷无尽。

《宝水》第 527 页

"这是一次命中注定的返程"

—— 访第十一届茅盾文学奖获奖作家乔叶

□ 行超

行超： 小说《宝水》涉及众多鲜活的乡村日常生活细节，可否谈谈您在写作之前的准备，在采访过程中有什么令您难忘的故事吗？

乔叶： 小说从动念到写成用了七八年时间，这个过程中，我一边"跑村""泡村"，一边写作。在乡村长时间的浸泡和观察，让我获得了源源不断的丰富细节。这些细节都很生动鲜活。比如村里人都种菜，以前互相薅对方地里一把菜都没关系，但后来大家都开始做农家乐、做餐饮，一把菜炒一下装盘能卖二十块钱，渐渐地就不再去互相薅了。比如这家住在偏僻地段，种的菜很多。要卖菜的话，是卖给村里的熟人，还是去镇上卖给陌生人？他们的选择往往是去镇上卖给陌生人。这也就是《乡土中国》中"血缘与地缘"一节中说的：把原来的关系暂时搁开，以"无情"的陌生人身份来进行商业行为，从而得到比较利索的清算。还有，某家开客栈客源多，住不下的客人要介绍给关系好的邻居时，是要提成还是按照以前的信任关系不要提成，以便下次互相介绍客人？这些小事都很新。那种传统的以物易物的生活方式受到了商业化的冲击，会带来很复杂、很微妙、很可爱的心理改变。

印象深刻的人和事很多，当然，主要还是人。因为事总归是发生在人身上的。比如小说中的九奶是个接生婆，为了采访那个时期的接生婆，我走了好几个地方，最感动的一次采访是在我老家的村庄。我老家叫杨庄，有个老太太我一直记得，好像我儿时她就已经很老了，可这次见面，她好像并没有更老，仿佛还是我记忆中的样子。她非常健康，记性很好，居然认得我，还很细致地跟我讲起我的奶奶、我的父母——我奶奶和父母都已经去世多年了，在她的讲述中却栩栩如生。她还讲当时怎么给我父亲接生，给我哥哥和姐姐接生，听着听着，我的眼泪就下来了，百感交集。

"细节之中有神灵"

行超：小说《宝水》没有特意强调情节冲突，而是深入乡村日常生活的肌理，以"冬—春；春—夏；夏—秋；秋—冬"这样四季流转式的结构，细腻记载乡土社会日常生活的点点滴滴。小说中许多细节描写给人留下深刻印象，也由此呈现出乡村特殊的伦理道德、微妙的人际关系，等等。为什么选择这样的书写方式？

乔叶：归根结底，还是山村巨大的自然性决定了按照时序叙事是我的必选。但时序作为时间主轴也只是个大方向，具体怎么分章节还得细细推敲。是依月份？抑或节气？我选择了遵循四季。之所以拎出季节结构，是因为我先后尝试了 12 个月和 24 个节气，相较一下，觉得对我而言，还是四季结构的内部更有腾挪的空间。故事从正月十七开始，到大年三十那天结束。开篇第一小节是"落灯"，民间讲究的是正月十五、十六闹花灯，正月十七这天开始要落花灯、吃落灯面。最后一小节是"点灯"，民间也有讲究，大年三十那天要去上坟，要请祖宗回家过年，叫点灯。从"落灯"写到"点灯"，从冬到春，从春到夏，从夏到秋，从秋到冬，除了季节交替，整个小说也是首尾呼应。章节题目从第一章"冬—春"、第二章"春—夏"、第三章"夏—秋"，直到第四章"秋—冬"，期间每个季节的重复衔接也是必然，小说里的树木庄稼也都需对应季节，因为大自然它就是如此啊。散文笔法的细密悠缓也匹配整个叙述节奏，那么就选择了散文笔法，呈现出的面貌还是很适宜的。

至于细节，我一向都很迷恋细节。西谚说"细节之中有神灵"。我觉得尤其对写作的人来说，写作的质感就决定于细节。细节中含有思想，思想中不一定有细节。我习惯在观察中打捞一切可用的细节。有评论家说我是一个合格的甚至是一个优秀的观察者，我很享受这种评价。

行超：小说《宝水》创造了很多生动、鲜活，又具有新意的乡土人物形象。比如村干部杨镇长、大英，他们代表着某种基层政治结构；还有乡建专家孟胡子，他有知识、有技术、肯实干，还能与村民打好交道，对于宝水村的建设功不可没。这些人物可谓当下乡土文学中典型的"新人形象"。您是如何构思他们的？他们都是有原型的吗？

乔叶：《宝水》里的人物都来自生活，都有原型，但不是一对一的原型。生活中的原型都非常复杂生动，不过却很少有现成的供你直接拿用，总是需得对多个原型进行杂糅提取。可能 10 个原型能凑出一个人物就不错。我常常会把采访过的很多原型人物集合到一个人身上。比如我采访了多个乡建专家，最后只出来孟胡子这一个人物形象。杨镇长和大英也都是如此。我采访过很多基层干部，听他们倾诉工作的甘苦。他们现在都在调整，由管理型思维向服务型思维转换，学习怎样和村民打交道，怎么和乡贤处关系，怎么进行乡村形象打造，怎样应对舆论，等等；既要打通跟外面的渠道，也要有他们自己的节奏。这都是新的工作焦点和难点。他们的很多观点非常出乎我的预设。比如，乡里干部很多都跟老百姓打过骂过，过一阵子就成了不打不相识，不骂不相识。不论当时闹了再大的矛盾，还是有咬牙瞪眼恨天恨地的事，几年过去也都能云淡风轻。你路过人家家门，照样跟你打招呼；你进到人家家里，照样招待你吃饭。这就是咱老百姓。我把这些都写进了小说。

很多有趣的东西，但我觉得不适合用到小说里，那就不用了。如果要进到小说中，那就必须做深度的处理。塑造人物当然很难，但如果准备得够充分的话，人物的血肉自然也有条件丰满起来。

行超： 多年以来，您的小说多以女性为主人公。《宝水》中，除了女主人公地青萍，村支书大英也是非常有特点的女性形象。另外，乡村女性的生活作为乡土现实的一种注脚，折射出中国乡村翻天覆地的变化和发展。您如何理解自己笔下的女性形象？

乔叶： 在为《宝水》最初做人物设置的时候我就坚定了以女性为主。既然地青萍是女主角，那么村支书大英也必须是一名女性，如此二者之间才能顺理成章地建立起密切的关系，地青萍也才有充分理由深入乡村的核心，从而了解乡村的内部运行和各种隐秘。如果大英被设定为男性，就容易被解读出狗血剧情。我在生活中也的确接触到了很多乡村女干部，她们特别聪明、能干、泼辣、忠直、强悍，充满上进心，很有特点。

无论是能力还是人品，大英在她那个层面的村干部里无疑是非常出色的，但她也有自己的问题。比如她处理具体事务时随机应变的狡黠，会为村里停车场用地而跟大曹使计谋，骗他迁坟，认为，"弯刀就着瓢切菜，这事只能这么办"。在儿媳妇雪梅画画的事上，她又显出了落后和保守，还有对女儿娇娇的态度，这些都是她的局限。她的不完美既是我从生活素材中感知到的，也是我想要诚实呈现的。所谓的"真善美"，真为什么要放在第一位？因为这是让人信任的前提。只有先有了真，才能有人性的鲜活和丰富，这太重要了。

写作30年，其中小说写作有20年。年轻的时候，我很不愿意让自己的小说显示出鲜明的乡土气和女性指征。这么多年过去，生活和文学的必然道路还是让我认了命。悄然回首，我发现自己的小说写作有了两个方向的回归：一是越来越回归乡土，二是越来越回归女性。之前我还不时地有男性叙事角度或中性叙事角度，如今的小说几乎全是女性角度。也许对很多女作家而言，进行女性化写作是一种再自然不过的原点选择，可对我而言，这却是一种命中注定的返程。

《宝水》在2023年年初入选了"持微火者·女性文学好书榜2022年度书单"，在4月时获得了第11届春风悦读榜"春风女性奖"。这都是对我极其重要的肯定。虽然之前也得过不少奖，但纯粹以女性之名获得肯定，这对我来说还从未有过。《宝水》中写了许多女性，第一人称叙事者地青萍、青萍的奶奶王玉兰、宝水村的九奶奶、村支书大英、秀梅香梅雪梅这"三梅"……我深爱她们每一个人。同时，在我心里，宝水村和福田庄这些村庄也都是女性的。土地母亲、乡村母亲，我们不都这样形容吗？"这些作品呈现的，远不止女性"，这是春风悦读榜发布时的标题，我很喜欢。我坚信，在这个大时代中，美好的女性犹如宝水，也如明镜，她们的光芒照耀的，绝不仅仅是自身，还有自身之外的广大世界。

总之，我越来越觉得性别不是一个坑，而是非常宝贵的写作资源库。无论女性在他人那里是第几性，第一性，第二性，或是中性，在我这里，女性就是我自身体验到的唯一性。我非常珍视这个唯一性。作为女人，作为女作家，我不想辜负自己的女性身份，以后我仍想在性别的大本营深耕细作下去，看看自己到底还能写出什么作品。对这个我也是有点儿好奇的。

"土气"是一种文学资源

行超：《宝水》的叙事语言有着明显的散文特征，节奏舒缓、文字细腻。此外，小说中人物的语言、对话等亲切生动，包含着大量生动的方言土语，凸显出豫北文化的地域特征，为小说的艺术呈现增色不少。您如何看待小说的语言问题？

乔叶：当我决定写这部小说的时候，小说本身的一切就决定着它已有了自己的语言调性：语言的主体必须来自民间大地。而这民间大地落实到我这里，最具体可感的就是我老家豫北的方言。我从小浸泡在这语言里，现在和老家人聊天依然且必然是用这种语言。但方言使用起来也很复杂，要经过精心挑拣和改良才能进入小说。河南的原生态方言是极度简洁的，如我老家方言说教育孩子是"敲"，宠爱孩子是"娇"。有句俗语是"该娇娇，该敲敲"，意思是该宠爱的时候要宠爱，该敲打的时候要敲打。但直接用过去，恐怕很多读者会不明所以。因此我琢磨了一下，改为"该娇就娇，该敲就敲"，这样既保留了原来的味道，又不至于让读者困惑。还有，我考虑到方言的特殊性，对方言的选取标准之一就是既有地方性又不至于造成阻隔，同时又符合村里人的身份习性，哪怕说工作的事也是如此，会用很贴近的生活物品来打比方。比如说请领导来了想多让领导做点儿事，就说："既然请他来称盐了，咋就不能顺手再打点儿醋。又不是钱的事，盐多了醋少了的不好说。""咱先把事儿扎透。知道盐打哪儿咸，醋打哪儿酸。"听到这样的语言我总是暗暗激动，觉得捡到了宝。

除了方言，小说中的其他语言，比如女主人公青萍的内心独白和老原间的情侣私语、不同级别官员使用的行政腔、媒体惯用的"播音腔"、支教大学生的学生腔，以及五湖四海的游客们八面来风般的语言……我希望层次和样貌能尽量丰富。山村本身极其鲜明的自然性，决定了它与散文细密悠缓的叙述节奏更匹配，所以我就选择了散文笔法。"质胜文则野，文胜质则史，文质彬彬，然后君子。"我在其中反复调和着文与质的比例关系，经常能愉悦地捕捉到可心的时刻。虽然或许还没有抵达理想境界，我也只能安慰自己说：难免遗憾，尽力就好。

行超：除了《宝水》，在之前的许多作品中，乡土生活和乡土现实也一直是您写作的重点和情结所在。《宝水》中，地青萍最终被乡土世界的生活和人情治愈。作为一个多年生活在城市的作家，为何始终对乡土书写情有独钟？

乔叶："故乡是离开才能拥有的地方"，忘记了这句话从何听起，却一直刻在了我的记忆中。这样的写作意识以前可能不是很清晰，自从工作调动到了北京，在地理意义上距离故乡越来越远，才更深刻地理解了这句话。人的心上如果长有眼睛，这眼睛如果也会老花，那么，偶尔把故乡放到适当远的距离，才能够让我们更清晰地聚焦它，更真切地看到它。常有人跟我开玩笑说，你现在是北京人啦。我说，不，在北京反而更显出了我是个河南人。

所谓的乡土中国，作为中国最重要的粮食基地之一的河南，在"乡土"一词上带有命定的强大基因。"土气"浓郁的河南，既丰产粮食，更丰产文学。改革开放以来，诸多前辈都以极强的文学自觉笔耕不辍，中原乡村成为他们取之不尽用之不竭的创作源泉。他们的作品构成了一条文学脉络，从中可以看到中国农村和农民典型的生活和命运。我写《宝水》时就把自己放在了这条脉络上。所以这个文学传统对于我可以说是深入到根基里的影响。

不过，说来惭愧，作为一个乡村之子，年轻的时候，我一直想在文字上清洗掉的，恰恰就是这股子"土气"。如今人到中年，经过这么多年生活和文学的教育，我方才认识到，这股子"土气"是一笔怎样的资源和财富，方才开始有意因循着前辈们的足迹，想要获得这"土气"的滋养。随着《宝水》的完成，我对这种"土气"的开掘和书写也抵达到力所能及的最深的根部。

当然，这并不意味着结束，某种意义上，意味着重新开始。因为于我走过的创作道路而言，故乡已然是一个不断被拓宽的概念。某种意义上，作为我的精神原乡，故乡就是一直在生长的文学。年少的时候老想着离开家，去远方。后来发现跑得再远，都仍有一根隐形的线拽着你，就算你去了万米高空，它依然在，而且还能把你拉回来，它是无形的，就像精神血脉或者精神根系一样，可以延伸得特别长。总有一天，会宿命般地呈现在你的写作谱系中。这时候你就会明白，必须写。这种感情和意识是不证自明的。

行超：通过《宝水》的写作，您对于新时代乡村的变化、城乡关系的变化有什么新的认识？

乔叶：时代正在发生变化，时势之变会波及每一个人。如何关注新的现实，如何关注人们在时势之下的改变——比如中国乡村的新伦理建设和新生活建设，这一直是我所思考的。在《宝水》中，我把中国当下乡村人们的生活经验、生活意识与生活向往作为了重要的表现内容。既然要写当下的乡村，我认为这些内容就应该是社会发展在文学创作中的必然呈现。比如，因为城乡之间的频繁流动和边界变动，人们普遍拥有的是一种城乡混合叠加的复杂体验，《宝水》的人物和故事就比较集中地表达了这些体验。此外，对当下中国广泛存在的城乡关系，城乡关系中人们的心理、情感、道德等多种状态，城市化的背景下人和故乡的关系，以及在乡村变革中女性意识和女性命运的发展变化等，我也进行了力所能及的触及和书写。

刚才说到"土气"，我们通常说城里人很时尚，但城里人也有很乡土的东西。比如清明节到了，北京人上海人也要在十字路口画个圆圈，给祖先烧纸。再比如现在主播们为什么爱喊"家人们"，他其实是要快速地建立虚拟的血缘关系。所以我觉得"乡土中国"依然是有效、成立的，它只是以碎片化的方式镶嵌在我们的城市生活中，其实我们好多人心中都有一个"城乡接合部"。城乡接合部——我真是喜欢这个词。在《宝水》中，我希望能触及这个精神、情感抑或是心灵意义上的"城乡接合部"。

采访手记

小说《宝水》中，女主人公地青萍曾在乡村度过美好的童年，回到城市生活后，她极力切割与故乡的联系，奶奶、丈夫的相继离世，令她患上了严重的失眠。为了帮朋友管理民宿，地青萍来到离故乡福田庄不远的宝水村，在这里，她见证了村民们通过文旅等活动进行"美丽乡村"建设，令宝水村从传统乡村转变为新型乡村的过程。与此同时，四季的轮转、田间的劳作乃至村民的一蔬一饭，逐渐治愈了地青萍的身心。某种意义上，这个人物形象也构成了作家乔叶的一种自我投射。一个农村出身的写作者，在城市生活多年，却始终对乡土世界念念不忘。从最初动念到最终成稿，小说《宝水》花费了七八年的时间。这期间，乔叶从河南搬到北京，但她的双脚、她的目光和她的笔，都片刻未曾离开那片写满故事的豫北大地。

2014年春天，一个偶然的机会，乔叶去豫南信阳一个刚被列为全国第一批"美丽宜居村庄示范"的村子参加活动。信阳毗邻湖北，山清水秀，又产茶叶，和河南其他地方有差异性。当时村民们已经在自己家里开办民宿，他们的言谈举止和日常处事方式也很不同于传统印象中的农民。乔叶因此深受触动，内心深处某种封存着的乡村经验由此开启了。

虽然深知写这样一部与当下乡村有着密切对话关系的小说有巨大的难度，但心之所至，乔叶还是决定要写。为了写好，她做了充分的准备。几年中，乔叶去过甘肃、江西、浙江、江苏等地的乡村，希望能尽量看到更多的乡村样本。事实上这些乡村都不太一样，江南的乡村特别富裕，路上都能实现全监控，西北的乡村就相对贫困，而中原的乡村又和它们有很多不同。看这么多乡村有什么用？乔叶说："可能就是踏实，我会觉得心里有底。我希望我笔下的宝水村是一个中间样本，它不多先进也不多落后，不多富裕也不多贫穷，它可能是居于中间状态的符合更大多数的乡村样本，这对我自己来说是更有说服力的。"虽然《宝水》里并没有直接"用"到江南和西北的乡村，但乔叶认为，这个"用"字可以有多种解析，并不是把它写到小说里才叫"用"，"我看了和我没看，心里是不一样的感觉，那它也是一种'用'。这种'用'就是一个底气。这个底气很重要，它让我不会写出错误的东西"。

或许正是这种长期"跑村""泡村"所带来的"底气"，令小说《宝水》呈现出与乔叶以往作品不同的面貌。作为"70后"作家的代表，乔叶早期作品中的个体化视角、日常生活叙事、情感与人性的探索等，多少体现出这代作家的共同写作特征。从获第五届鲁迅文学奖的中篇小说《最慢的是活着》，到《盖楼记》《拆楼记》，乔叶作品的背后几乎都有一个女性叙事者的形象。《宝水》同样如此，然而，这里个体的"我"被放置于一种整体的、变化中的时代视野中，因而显示出一种从个体走向整体、以微观见证宏观的可能性。谈及这种变化，乔叶认为，这么多年来，自己写作的内在动因一直在发生着改变。她曾经以为写小说是为了满足自己的好奇心，后来以为写小说就是写故事，再后来以为写小说就是表达认知，直到近些年，才觉得写小说就是写自己——写"我"，但这个"我"由以前的"小我"已在朝着"大我"的方向和境界逐渐拓展，并同步呈现在作品中。

就《宝水》而言，乔叶认为写作的内因是自我解惑。虽然是个乡村孩子，但乡村的很多事，她其实并不能真正理解，比如为什么会为一垄麦子打一架，为什么公公和儿媳妇不能聊天，为什么要比谁家的房子盖得更高。长大后又和乡村渐行渐远，就更加不懂。但乡村的根一直都在，困惑也一直都在。《宝水》中的地青萍心怀着福田庄的儿时记忆生活在宝水村，以对宝水村的点滴认识来理解儿时的福田庄。某种意义上，乔叶也是一样。写作《宝水》的过程，对她而言就是一个不断地回望来时路，从而由"小我"逐步走向"大我"的过程。经由这次写作，乔叶渐渐理解了他人为何如此，渐渐拥有了领会他人并和他们共振的能力，生命的宽度、厚度、高度和亮度因此得到了增强，文本的气息和格局也有了相应改变。

故事还在继续

□ 樊金凤

"虽然很忐忑，但还是决定给您交底。已经初步完成的第一章和后面章节的粗略方向都在附件里，请查收。您说得对，我'跑村'的时间太少了，下半年尽量多跑一下。不管小说写成什么样，不去村里你就不知道那里正在发生什么，只要去了就有收获，这是肯定的。"这是作家乔叶2017年写给北京十月文艺出版社总编辑韩敬群的一封邮件。韩老师回复说："读了两遍，的确是越发强烈地感觉这会是一个好东西。我能想象你的写作状态，是与村庄人物和事件贴心贴肺、声气相通之后的熟稔与从容……"

《宝水》从构思到写作完成，历时8年，在这个过程中，韩敬群老师一直与乔叶老师保持密切的联系。2022年7月，作家乔叶把《宝水》交给出版社，韩老师把这个书稿交给了王淑红老师和我，让我们一起责编这本书。

实际上，我们拿到的书稿已经是一个非常成熟的稿子，是作家反复打磨过的，而乔叶在交稿后还修改过三稿。图书快下厂时，我提前撰写了编辑推荐、内容简介、海报和拉页文案等内容，乔叶看得很仔细，我还记得我们就"链接"还是"映射"等个别词句进行过多次讨论。在这个过程中，我感受到作家对文字的珍视、对读者的尊重。

《宝水》的封面由设计师周伟伟设计，封面展开是一幅意境隽永的水彩画，一幅北方山村图景跃然纸上，清新秀美，既虚且实，其风格气质十分契合宝水这座文学村庄，与小说内容密切呼应。"宝水"二字由作家莫言题写。2022年11月，《宝水》在北京十月文艺出版社出版。

这让我想起自己最初的阅读感受。我花了一周看完稿子，感受最深的是，作者一定对乡村非常熟悉——不是走马观花，而是深入骨髓的那种熟悉，因为她写的那些人、那些故事是那么的鲜活、生动。她笔下的乡村不是概念化的，而是从"极小事"着笔。作家用一个个"极小事"细腻呈现"我"所看到的每一个人，她笔下的人物有血有肉，他们的每一句话都扎扎实实地落到生活的实处。

在做图书周边时，我们需要收集作家创作时的素材，乔叶发来很多她在村子里和村民聊天的照片，包括和乡村图书馆的老师烤火、和郝堂宏伟小学的师生们合影、在山村关帝庙和村民们一起看庙戏、在老家大南坡村和村民聊天等。由此可见乔叶"跑村"和"泡村"的频繁，她把自己浸泡在乡村，和村民一起聊天、生活，所以才能深入乡村的内部，深入乡村复杂而又广阔的人际关系，写出热气腾腾的生活和生机勃勃的民间。

《宝水》出版后，我们关注到来自各方面的评价："作者写出了乡野里的哲学""从一个村庄的故事可以看见一个时代的变化""小说具有鲜明的女性主体性"等等。尤其令人感动的是，有一天一位读者通过他人辗转发来信息，他认为《宝水》以文学的方式写出当代乡村的复杂性、多重性"。也许，这就是好作品的魅力，它有开放的阐释空间。

当然，关于《宝水》的出版故事还没有结束。写这篇"责编手记"的这一刻，我正在第七届平遥国际电影展"迁徙计划·从文学到影视"推介会的现场，我将站在台上向近百位影视公司的朋友讲述宝水村的故事，从文学到影视，希望《宝水》以另一种形式呈现在更多人的面前。而在三天后，我的同事将带着《宝水》的英文样章去往法兰克福，在第75届法兰克福书展上推荐《宝水》的外文版权。

有人问乔叶获茅奖后的感受，她坦言："奖项就像加油站，我不能一直待在加油站不出来，写作是一条长路，最有意义的事还是在路上，继续努力写作。"

《宝水》之后，故事还在继续。

（作者系北京十月文艺出版社编辑、《宝水》责任编辑之一）

《宝水》读者热评

@瓦片外婆： 把一个宏大叙事主旋律故事写得细水长流、家长里短，着实没有想到。 从这个意义上来说，乡村既是《宝水》的叙事主角，同时也是它的底色和亮眼之处。 我通常用两个标准来判断一部小说好不好：一是故事是否有惊喜、有意思、入木三分；二是语言是否有特色。《宝水》恰恰在这两方面都属上乘。首先，小说语言透着自然的清新，将花草树木、当地的方言俚语都融入文本的叙事当中。更重要的是，小说故事非常打动人，它写的是属于老家的乡土记忆，是一个老去的乡土中国再次年轻起来的春夏秋冬。我们既能看到乡村落后的一面，也能看到村庄动真感情的一面。因为情谊满载，《宝水》整个设定也别具一格。读这本小说我会一直不停地想到自己的村庄、自己的老家，和那些回不去的往事。

@BUTTER 那个 FLY： 乔叶对乡土的书写在《最慢的是活着》里已经能够窥见其深厚功底。《宝水》这本书她断断续续写了好多年，写着写着还是写回了河南老家。一方水土养一方人，每次读到和奶奶玉兰的叙事线我都会哭。"祖母与我"是乔叶一再讲述的故事，不是素材，只是有些情感只能通过故事来表达。看多了她对黑暗婚恋的刻画，再来看温情的、"土"味十足的作品，真好，喜欢乔叶。

@之花者也：生活的"活"字左边偏旁部首"水"，到底来自乡村。新时代能有这样的作品，不捧不贬，纪实生活，传递希望，以小见大，窥见乡土中国的一片天地，真是极致难得。村是你的村，故事是你的故事，但肉身是一样的肉身，魂是一样的魂。

@时寸光：读《宝水》找到一种熟悉的感觉，这感觉来自我的家乡白马山村。大约十几年前，村子里的农民纷纷外出，去县城及外地务工，农田都扔给少量没有外出的人继续种着，村子空落得厉害。但是这几年呢，大家又纷纷回家盖楼房占地盘，对新农村的未来抱有美好希想。

@克雷贝尔：这部小说以豫北山村宝水为背景，透过归乡者的视角，生动地展现了新时代乡村建设的图景。主人公在福田庄度过童年，人到中年被失眠症困扰，于是来到宝水村休养身体并帮朋友经营民宿。在这里，她见证了宝水村从传统的乡村转变为文旅小镇的过程，也深度参与了乡村建设的实践。不仅细腻描绘了乡村四时景物的绚烂多彩，也精心刻画了乡村生活的习俗文化，叙述了乡村生活中的点点滴滴，包括节气、风俗、人情等，展现了乡土中国的恒常与新变。同时，小说也真实反映了农村生活的现状，对乡土社会的伦理人情进行了深入剖析。

@ Ghost：乔叶如此朴素的表达，还真的把农村现代的一面写了出来，时不时地说起抖音、民宿等话题，才知道原来这已经是如今的故事了。可是山村自有它自己运转的逻辑，那些人、那些风俗、那些在意的与故作平静的事，确实还是在每一个细节里影响每一代人。女主人公从割舍到回归，这回归的一年里她再次与一切和解。这部小说是作者从现代生活回归乡土传统的一次幻想尝试，当然这属于作者本人的感受，而作为读者，我也感受到了这种轻松。全文结束，朴实无华，结尾处描述，日子好像还是如此平淡无底，于是想起文中反复出现的三个字：就都笑。

（评论由《文艺报》选自网络平台）

《宝水》：为"农村"建立坐标系

□ 于文舲

　　乔叶的长篇小说《宝水》，得从"农村"谈起，农村是它的核儿。不妨先咬文嚼字一下吧。以前我喜欢用"乡村"替代"农村"，在字典里它们的解释确实差不多，而"乡村"这个词还有一重好处，它与"城市"更有对应性，"城—乡"就像一块磁铁的两极，像两个符号，已经带上了某些文化层面的概括和判断。但现在我要说的是"农村"。因为《宝水》，我似乎第一次正视这个词。"农"，"农耕""农事"，说到底是一种人类活动，这个词里所包含的蓬勃与参差，它具有的动态与变化性，都是因为它强调的是人，是动作，是人在大地上的创造。相比之下，"乡村"就显得过于静态，过于抒情。《宝水》的质地，是"农村"的。

　　这"农村"又是新的、当下的，自然就更复杂而不确定。乔叶把无数扑面而来的事物都收纳进小说里——我不是说她没有甄别和选择，但总归是一种"真佛只说家常"的方式，也就难怪我在某篇创作谈中看到乔叶说，《宝水》是她写得最有耐心的一部长篇小说。但凡缺少耐心也确实很难做到。我欣赏她这份耐心，但也有隐忧，因为耐心常常也是挑战，它比较容易造成阅读障碍。如果作家无法让读者充分信任这份耐心的话，就很难把他们带入进去。所以我想在这篇文章里，帮乔叶做一点很可能是画蛇添足的归纳和补充，我就试着简明扼要地谈一谈《宝水》这部小说究竟是在做什么。

在我看来，《宝水》三十几万字其实都在做一件事：为"农村"建立坐标系，从而把当下的农村纳入进去。

小说里的第一套坐标系，是由叙述者"我"建立起来的。"我"，地青萍，是一个农村出身且"懂农村"的城里人，为解决失眠症的困扰来农村长住，顺便帮老原经营村里的民宿。这里天然就带着时间 x 和空间 y 两个坐标轴，随着时间的推进，"我"接触农村，走出农村进入城市，回到农村，也随时可能再离开，就在两极之间波动。同时，我要强调的是，这里其实还有第三条坐标轴 z，就是人的心理，心理认同，情感认同。既然"农村"突出的是人，那么这条最容易被忽略的坐标轴其实才是最重要的。再次回到农村以前，在"我"心里一直有一个解不开的扣："我"认为是奶奶那种对老家人毫无底线的"维"（为人处世，维系关系），捆绑住了父亲，捆绑住了"我"们，使"我"们即使身在城市，也无法摆脱农村的人情线，这种根深蒂固的观念直接造成了父母的矛盾，甚至间接造成了"我"父亲的死亡。所以能够看出，"我"在面对老家这个问题上，内心是复杂的。再加上"我"身边围绕着坚定守护老宅的叔叔，还有迁居国外的母亲和女儿，所有这些撕裂的文化与现实加在"我"身上，让"我"的立场既不是城市的，也不是农村的。因此当"我"下定决心再次回到农村熟悉的环境中时，"我"内心里有一个调适的过程，"我"所代表的当代人能理解什么样的农村、认同什么样的农村，在这个坐标轴之下，标记的才是真正"人"的农村。

小说从"我"的视角进入，在整个叙事中，"我"就像一条绵延的丝线，穿起散落在农村的人、事、物。但这条丝线的贯穿，毕竟还是松散的、自然的，有时甚至是不着痕迹的，让你恍惚忘了它的存在。所以《宝水》并不是典型的限知视角，它有全知和宏观的骨架。这里就出现了另一套坐标系，它直接就生成于被叙述的农村。宝水村，作为小说真正的主角，显示出了极大的丰富性：这里养育着上上下下的几代人，从九奶一辈经历过运动的，到孟胡子、大英一辈当今的新农村建设领头人，再到鹏程、雪梅、小曹、娇娇一代的新人，以及孩子们。除此之外，往上有九奶的追述，往下有深入农村实习、体验生活的学生。顺着这条时间的 x 轴看下去，确实是越往当下，城市与农村的空间 y 轴上的互动就越明显。娇娇曾经走出农村去打工，因为农村人特有的单纯，受了欺负，受了刺激，从此落下疯病怕见生人，只能回到农村的熟人社会；同时，外来的学生试图将性教育、死亡教育带进农村，试图用道理和法规阻止"家暴"的时候，却屡屡受挫，差点成了村民公敌。农村与城市之间的人，走马灯似的来了又走，走了又来，这些差异、隔膜和不适应，在其他作品中倒也不少见，而我要特别提出的是这里依然有一条隐形的 z 轴，它之所以重要就是因为它标示的是城市与农村的融合。这条 z 轴也是以人为中心建立起来的，就是人所从事的活动。小说中宝水村作为"美丽乡村"的代表，最具特色的就是开发旅游，经营民宿。这是一件立足农村、面向城市的事，既要懂农村，又要懂城市；既要突出农村的特色，又要靠近城市的标准；既要扎根在农村的人情社会之中，又要有"市场规律""契约精神"管着；既要有农村的性格，又要有城市的渠道，不断建立联系。显然，这是一个平衡点。小说就围绕这个平衡点展开，一旦偏离，无论偏向哪方，就是一番波折，一段故事。当小说情节在震荡中无限地接近这条 z 轴时，当下的农村书写似乎才跳出了"挽歌"模式，体现出它自主发展的生机、力度和可能性。

借助以上这两套坐标系，我们就从时间、空间和人的三个维度走进了小说的内容。而实际上，它的意义结构（形式）也可以用这三个维度来解析。结构是小说的形式要素之一，其中意义结构相对于布局结构，是一种总体性的特征，是由结构形式而体现出的意义。在《宝水》中，最容易引人注意的就是它的章节安排，"冬—春""春—夏""夏—秋""秋—冬"，四章构成了一个轮回，这是典型的古典乡村的时间观，循环往复，像植物的丰茂与枯萎，确定无疑，没有意外。但读完整部小说，我发现并不尽然。不知乔叶有意还是无意，她在圆满的时间之中打下了一个缺口，一个重要且明显的缺口——春节。春节是中国时间中的一次"大圆满"，为此小说细致地铺排了村民过年前的诸多准备，同时还交代了九奶的喜丧（个人时间的"小圆满"），然而叙述却在春节来临前的最后一刻戛然而止，"我"离开了宝水村，也就是从确定的时间观中跳脱出来，给时间以意外。确定与意外的博弈，或者说平衡，是《宝水》意义结构的核心。空间维度也是如此。表面来看，小说在空间上颇为简单，"来—去"，开头来到村子，结尾离开，这种对称的、偶数拍的、相反相成的行动轨迹，也是拒绝意外的。但另一方面，从现代小说的结构方式来看，《宝水》的结尾是开放式的，这个离开并不是最终结果，不是结论，而是一个新的问题的起点，这就把一个"正—反"的结构变成了"正—反—未知"。最后，在人的维度上，情况还要更复杂一些。小说中的"我"地青萍，作为农村的半个外来者，其实是在不断获取确定性，包括对"老家"的确认，包括与老原关系的确认，包括与往事和亲人的和解，等等，从失眠到安眠正是这个过程的生理表征。相反的是宝水村的村民，以大英、秀梅、雪梅、香梅、大曹、小曹、赵先儿、老安等为代表的群像，他们虽然各有各的命运，但趋势其实相同，他们正在习得不确定性——名利的难料、新观念与女性的反抗、干部工作的思维切换、儿童的教育问题、画画与短视频等外来事物的吸引，等等，许多以往能被乡村文化自行消化的内容，现在都变得不自足了。于是，两部分的人，或者说每一个人，每一个人的每一个行动，就像七巧板中的一块，构成了日常生活，构成了人物形象，构成了命运，构成了当下的农村。这是一种拼图式的结构，每一块都各具特色，却不妨碍它们成为一个意义整体。

　　读完整部小说，可以感到，乔叶试图确立当下农村的热情和野心是明显的。而我这里也就是帮她画了几条辅助线。文学当然不可能像计算题一样精确，纳入了坐标系的新农村是否真能标示为某一个点，本来也不是小说家的必答题。甚至结论是否存在已经不重要了。忽然想起我的老师张柠先生有一个颇为形象的说法：小说家是努力把脑袋探进世界的人，评论家（理论家）是试图把世界都装进脑袋的人。这么一比，就显出后者的疯狂了——特别是在面对最鲜活的当下的时候。现在就让我的这份疯狂适可而止吧。

乔叶·《宝水》

《宝水》里的物事与人情

□ 李壮

一

单从题材上来讲，乔叶的《宝水》原本算不上独特：长期生活在城市里的"能人"返回乡村居住、参与乡村振兴，在见证传统乡村脱贫致富奔小康的同时，顺带着为自己的内心找到别样的安稳感和归属感……这样的基本故事架构在今日文坛不可谓少见，且也远远不局限于文学领域。举个手边的例子，前不久刘亦菲主演的新剧《去有风的地方》就跟《宝水》的故事生得一副"姊妹相"，两边的女主都是住民宿管民宿的设定、各自"开书屋"或"建村史馆"的尝试，都是走文化旅游助力乡村振兴的路子，并且故事里还都有一位识大体受尊敬的"奶奶"（传统乡村的精神化身和身份代言人）坐镇撑腰。对于这样的故事，我们是熟悉的。这不仅是说我们熟悉生活中在中国大地上四处开花的此类故事"原型"，甚至连对这类故事的艺术化讲述我们也都很熟悉。

《宝水》的独特性或者说文本个性，其实是颇为鲜明的。这主要体现在故事的整合方式和呈现方式上面。乡土世界的现代化转型，在今天意味着更充分、更自然、更彻底地融入全球化时代的社会总体发展体系，与此同时，还要力争保护好自身的传统和文化特色。这无疑是一场巨大的社会历史运动，牵涉着方方面面的改变、角力和能量交换（这些能量包括但不限于政策、人力、货币、资讯、技术等）。但《宝水》并非是简单地从"历史运动"一面入手讲这个故事。相反，这部小说是把"大"事"小"着讲、把"动"势"静"着讲、把"热"潮"温"着讲，着眼点是草木枯荣、人往人来、家长里短，最终呈现出的，便是散文化的笔法（乃至结构），以及风俗画卷式的总体效果。

对目录有心的读者大概会注意到，《宝水》分为4章，单章30小节，每节自有名目。其中，只有一条名目最特殊，在每一章里都会出现一次，那就是"极小事"。其实，《宝水》本身便是一部由无数"极小事"写成的书，"极小事"是《宝水》的细胞，也是《宝水》的本体。

换言之，《宝水》并未给出某种贯穿始终、完整紧致、格外凸显的事件行动或矛盾冲突，用来作为线索并提供叙事动力。类似的线索或动力并非找不到，但似乎作者有意放弃了这种方式。乔叶看起来是准备往另一个方向"突围"。在这一点上，《宝水》确乎是同我们对当下重大现实题材乡土小说的惯性想象有区别，同时又与社会主义文学记忆中柳青、赵树理、周立波、丁玲等前辈那种强矛盾冲突、走"阻力及其克服"路线的写作不太一样，再推远些，显然也与鲁迅所代表的现代文学时期乡土小说的启蒙姿态不同。在此意义上，《宝水》这种散点结构、风俗画式、"极小事"化的写法，除了营构自身审美效果之外，也一定程度上拓展和丰富了我们对当下乡土题材小说的想象及印象。

二

就《宝水》而言，所谓"极小事"或"画卷风"，既关乎怎么写，也决定了写什么；既涉及形式结构，也指向题旨要义。与此相关，这部小说的重要内容之一，便是（甚至首先是）对作为对象的乡村世界的观察、描摹和讲述。因而，"物事"在《宝水》里占据重要戏份。

先说"物事"自身的丰富性。在感性直观的层面上，《宝水》所呈现的乡土世界，是一个被丰富的"物"所环抱着的世界。从自然界的山川土壤，到区别于人的生命的"动植物"，再到无生命的"器物"，这一切都与人的生活共生共存、相互塑造。例如花草：

> 漆桃花这几天开得正好。其实就是野桃花，宝水人却叫它漆桃花。它的粉是极淡的粉，阳光下远看时竟像是雪白的……五瓣，细长的花蕊，稍稍往里扣着，有些羞涩……每次散步我都会折几枝插瓶……秀梅却只看重这漆桃花的果子，说到五六月份时就能长成，跟个小青枣子似的，就再也长不大。吃是不能吃的，以前这叫不中用，近些年却中了用，因为能成钱了。怎么成钱的？果子虽没果肉，那果核却好。剥了皮，留着核，穿成手串，卖给游客，可不就成了钱？自从摸着了这个门路，村里人一到时节就都去摘这野桃子穿手串……

一连串的花花草草依次讲下来，随后便涉及荠菜花以及荠菜，再便是荠菜饺子——隐约地勾连上了乡村美食和农家乐的开办，终于绕回了故事主线。这类内容的累积使乡土世界的形象更加立体，更富于趣味和细节，并且为小说注入了松弛的、游逛者般的气质。就小说故事本身而言，这属于闲笔，但不离题，它们足可作用于特定环境、心绪和生活质地的自身显现。

许多有意无意的暗示也可玩味："我"在散步的时候折花插瓶，折射的其实是小资情调及其背后的城市生活习性；对同一种植物，宝水村人的关注点却在于加工卖钱。前者是审美化、情感化的，后者则是属于经济学（工具理性）层面对物的凝视了，但《宝水》并不着意夸大其中的区别，物的不同侧面、人对物的不同打量，在小说里是复调并存的。

这就涉及"物事"背后人的认知活动、情感姿态。就像柄谷行人曾指出的那样，风景从不会"从无到有"，它被发现、被意识、进入审美视野的过程，本身便体现为一种认识性的装置、紧密关联着主体自身的意识形态。一种投向"物"的微观凝视，最终反射向"我"，构成了对自我精神世界的某种体认。类似的情况在《宝水》中反复出现，将"物"与"人"打通联系起来。

三

说到"人"，无法绕开的便是《宝水》主人公"我"的微妙状态：面对乡村的时候，"我"采用的是一种"既内也外""内外兼容"的视角和潜意识。

这种"内外兼容"的状态，是《宝水》内在价值逻辑、情感模式乃至形式结构得以成立的重要前提，它使得"我"对新乡村的描摹可以既是抒情性的，也是分析性的。先说"外"。从本质上讲，"我"当然不是宝水村的"自己人"，"我"前来居住的直接起因不过是为了散心并捎带着疗养以缓解睡眠问题。对此，《宝水》不止一次地安排"我"直接出面对读者"提点"："是的，无论看起来多么像村里的人，这些细枝末节总能让我觉得自己还是个外人。"但外人有外人的好，这让"我"能够以相对从容、客观、外在的视角打量乡村世界及其中的人。某种富有弹性的"间离"效果因此成为可能。

同时，为了不使"间离"变成"疏离"，《宝水》又安排小说里的"我"在村里长居，进而与当地血统的老原成了情侣关系，这便算是"外中有内"、真正嵌入宝水村的熟人社会关系网络了。更重要的，是另一种个体内心化的"内"。在"我"的情感潜意识里，宝水村其实对位着福田庄，此处的乡亲们对位着"我"童年的邻居亲戚，这里的九奶则对位着"我"自己的奶奶。宝水村是福田庄的投射，提前到来的退休生活则像是对童年时代的返归。乔叶在《宝水》里一再强调这种情感的关联性，最重要的设置之一，便是指出宝水村的九奶同福田庄的"我奶奶"乃是少女时代的旧相识。因此，固然原本是"外人"，"我"却足能够对宝水村共情，甚至有意将之同故乡混淆交叠，不断地强化主体情感的介入深度，也不断赋予这种情感介入以天然的合法性。

因此，"我"既是"造访者"，也是"归来者"。这是对中国现当代以来乡土小说写作中频繁出现的两类人物形象的"混血"，也是在文本形式结构的具体技术层面上为散点/画卷式的写法服务，支撑其可行性和完成度。

除此以外，《宝水》在"人情"方面的着力，还体现在对一系列典型人物的生动刻画上。例如九奶，这是一位"卡里斯玛"型具有神圣性的人物，九奶名义上无儿无女，生病时前来探望的村人却流水不断；至其去世，那宏大庄严的场面更是完美融合了乡俗与人情的二重书写。如果说九奶象征着传统乡村精神及其增殖力（不要忽略其年轻时的接生婆身份），那么大曹、大英等较为年轻的角色，则着重显示新乡村人物类型和人物性格的丰富性、层次感：大曹略带喜剧色彩的小心机、小狡黠，以及大英的泼辣果敢、"顶半边天"，都在故事里留下了颇为生动的印记，而这些印记又常常具有更普遍意义上的代表性——"我看着大英的脸，憨厚、淳朴、直率这都适用，聪明、精细和狡黠也都能形容。这是一张多么复杂的脸啊。"在深沉隐秘的"乡情"之外，这些人物及其身上所牵涉的诸多"极小事"，又显示出"人情""世情"的多彩多维，也丰富了新乡村建设在审美、情感、文化三方面的层次感。如同评论家岳雯所指出的，这种努力涉及小说对其预设"问题域"的转换：如何将关于"新山乡巨变"的政治经济学描述，转换为对情感价值的关注和解决。

四

除此之外，《宝水》里还有许多"故事背后的故事"。

散文化、风俗画卷式的写法应用于长篇小说，难免面临某些副作用的挑战，例如显性叙事动力不足、情节戏剧张力不连贯等。《宝水》的写法和创意设计决定了，它在尽力凸显自身细腻、生动的优势同时，也需要想办法对冲这样的副作用。我想，乔叶在小说中加入不同样态的"历史"元素和时代线索、埋下许多"故事背后的故事"，正是这样的一种尝试。

《宝水》中，几条穿插在主故事内、具有"强戏剧性"色彩的支线情节，都一定程度地具有命运感和轮回感。例如九奶的身世后代支线：从无子嗣，到有子嗣，再到（名义上的）无子嗣，又回到文化象征意义上的"皆是子嗣"。又如"我"对老家的情感矛盾支线：从爱老家，到恨老家，最后再同老家和解。深度参与主线情节的老原在身世上也是这样：从祖辈到孙辈，这一家人从乡村世界的宠儿沦为乡村世界的弃儿，如今又以另一种方式和身份重新骄傲回归。这些轮回的命运以及轮回背后的矛盾转折，既是属于个人的，也是属于历史的。这些加入进来的、具有更大历史景深的故事线索，客观上起到了拓宽阐释空间的作用。在这些"潜文本"的参与之下，《宝水》的"游逛"会以并不固定的节奏，不时从现实叙事滑入历史叙事、亲情叙事甚至爱情叙事。《宝水》的文本样态和审美意蕴，也随之变得更加丰富、多元起来。

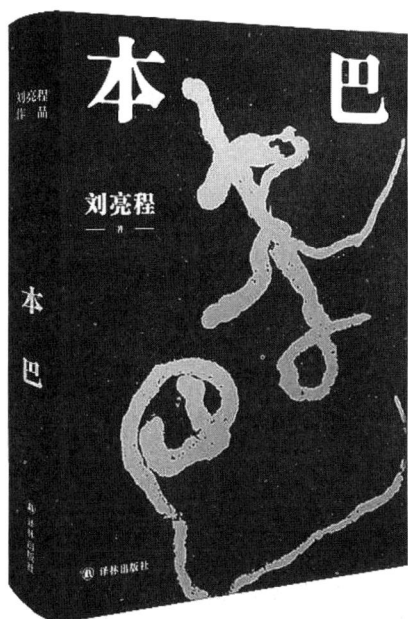

刘亮程·《本巴》

出 版 社：译林出版社

出版时间：2022 年 1 月

责任编辑：管小榕

刘亮程的《本巴》，向《江格尔》致敬，在创造性转化与创新性发展中证明多元一体的中华文化美美与共的活力。融史诗、童话、寓言为一体，在咏唱与讲述的交响中以飘风奔马、如梦如幻的想象展现恢宏绚烂的诗性境界。对天真童年的追念和对时间的思辨，寄托着人类返朴归真的共同向往。　有鉴于此，授予《本巴》第十一届茅盾文学奖。

成为一个现代的"江格尔齐"

□ 刘亮程

感谢茅盾文学奖，感谢新疆这块土地上丰富绚烂的多民族文化给我的滋养，尤其感谢并致敬蒙古族英雄史诗《江格尔》。《本巴》是以《江格尔》史诗为背景创作的小说，《江格尔》给了我智慧和力量。在写作中，我努力让自己成为一个现代的"江格尔齐"，在历代"齐"所言说的语言尽头，说出属于自己独创的那一章节。也希望《本巴》能够让更多人关注《江格尔》，关注中国的史诗。文学对土地的回馈一如《江格尔》史诗中让"人人活在 25 岁青春"，土地上的一往无前和生老病死被文学挽留和保存，那些只活过一世的人们，在文学中永久地活着。文学以虚构之力，护爱着这个世界的真实。

《本巴》是我写得的最天真的一部小说，我喜欢小说中哈日王这个孩童，他长着一只大人的世故之眼和一只孩童的天真之眼。文学也许正是那只天真的孩童之眼，这个世界，即使被大人看过无数遍，也永远需要用孩子的天真之眼再看一遍，这是文学对人类初心的观照。

《本巴》片段

当阿尔泰山还是小土丘、和布河还是小溪流的时候，时间还有足够的时间让万物长大。

江格尔就在那时长到二十五岁，美男子明彦也长到二十五岁，本巴所有人约好在二十五岁里相聚，谁也不再往前走半步。

《本巴》第 3 页

这时候，阿盖夫人坐在宫殿外的草原上，拉起九十一根弦的胡琴，妇女们在她美丽容颜的光芒里，穿针引线。喝醉酒的牧人，在她如月般明亮的容光里，拾到早年丢失的银子。迷途的孩子在她的琴声里回来，万水千山的夜路上，奔走着归家的牧人和牛羊。

《本巴》第 19 页

牧民出发前数一数牛羊，数羊的方式很特别，两只手展开，一个指头指一只羊，抓一把五只羊，一五一十地数，一群羊很快数完了。还是昨天的头数，每天都差不多，黎明前出生一只小的，半夜被狼吃掉一只大的，人自己宰吃的都不算数，母羊会偷偷地把数量补齐。

《本巴》第 40 页

被赞颂过的云朵，告诉他每朵云下发生的事。被歌唱过的酥油草，说给他所有草地上经过的人和事。被反复赞颂的穿过大地的风，带来最远处的声音。谋士正是靠它们，知晓过去未来九十九年要发生的事情。

而未被赞颂的众多事物，黑暗地沉睡在四周。谋士不知道它们是什么，叫不出名字，也不知如何去赞颂。

没有名字的事物里，隐藏着谋士看不见的危险。

《本巴》第 44 页

赫兰在一朵飘飞的蒲公英种子上，闻到弥漫空中的无数个乳房的奶香，那些来自草原的奶香，湿漉漉的，加重着他身体的分量。

他感到自己在下沉，已经沉到能看清那些女子饱满白皙的乳房了。

一旦他落在地上，一旦他走在那条牛羊蹄子和人脚踩出来的路上，他便真的需要人间的力气，真的需要不断地吸吮乳汁，像哥哥洪古尔一样。

那样，他便再回不到母腹。

那些在人世上长的肉，会疼，会疲劳，会光洁也会腐烂。

在赫兰就要被吸引到地上的瞬间，突然一阵雁鸣，把赫兰托举到云上。赫兰就在这一声长长的雁鸣中，到达了拉玛边界。

《本巴》第 53 页

哈日王说话时，一只眼睛看着洪古尔，一只看着赫兰，这会儿他看着赫兰的右眼睛在转。

哈日王说，我在母腹便认识你，赫兰。

母腹是一座座的白毡房，我们是无数个白毡房里相互认识的孩子，我们没有长出脚却在无垠的云朵里走，没长出手却相互牵连，没有嘴却能说

刘亮程·《本巴》

出一切，我们有一颗小小心灵，不论相距多远，都能在一个念想里彼此感知，相互照亮。

《本巴》第 92 页

捉迷藏游戏很快在拉玛草原上风行，游戏轮番上演，不分昼夜。以前人们白天劳作夜晚睡觉，如今人的躲藏处即是睡觉的黑夜，而寻找的人是没有瞌睡的。被捉住输了一半牛羊的，想在下一局游戏中扳回本，已经赢了一群牛羊的，还想赢更多。

《本巴》第 100 页

每当他努力想朝不知谁为他设定的、只能看见过去未来九十九年凶吉的限度之外张望时，他总是看见一个模糊的身影坐在这一切的尽头。那是一个孩子的身影。他微眯眼睛，敞亮的额头轮廓清晰，仿佛谋士所能看见的这个世界的光，都来自那里。

《本巴》第 115 页

赫兰惊慌的心跳还是不能完全平息，白天他知道不会有人再找到他，夜晚的梦中却到处是追他的人。每个夜晚他都盼望天亮。以前他总是仓皇逃过白天，躲进黑夜。现在、夜晚成了最可怕的，他一入梦，便暴露了自己，他们追到梦里找见他。

《本巴》第 125 页

贾登羡慕邻居阔登的力气比自己大，妻子比自己的年轻漂亮，牛羊也比自家多，便和阔登玩起做梦梦游戏。

他先在夜里梦见阔登，成了自己家雇用的牧人，阔登放牧的牛羊便成了他的，年轻美丽的妻子也成了他的佣人。

阔登白天放牧着自己的三百只羊，夜里这些羊成了贾登家的，妻子也成了贾登的。

而这个阔登，因为被贾登做进了梦里，所以没有了自己的梦。

有时阔登在贾登的梦里，看见自己的妻子在伺候着贾登，觉得这样不对，但他没法改变，因为这个梦是贾登做的，不是他的。

阔登从不知道自己夜夜被贾登做进梦里。

自从把阔登做进梦里，贾登见了阔登，便再不羡慕他的牛羊，而是高扬起头。

阔登不知道，贾登已经用夜晚的梦，改变了白天的生活。

在贾登眼里，白天属于阔登的一切，晚上的梦里都是他贾登的。白天和黑夜一样长，他在梦里拥有这些牛羊的时间，跟阔登醒来拥有的时间一样多。

《本巴》第 181 页

赫兰又看见本巴草原，看见九色十层的班布来宫，他从没仔细地看过它一眼，现在他觉出它好看了。夕阳正照在宫殿金顶上，两侧的赛尔山和哈同山，被宫殿金顶的光芒照亮，仿佛它是此刻的太阳。那个走到天边的夕阳被遗忘了。

《本巴》第 292 页

这一刻，站在班布来宫殿瞭望塔上的谋士策吉，看见过去年月里的一个早晨，和布河边一座白色毡房里，回到母腹的赫兰再一次降生。

毡房外围满骑马来的人们，河滩上吃草的牛羊也抬起头，朝这里望。

母亲抱着呀呀叫喊的孩子，给前来道喜的喇嘛说，这孩子在我腹中便在说话，一直不停地说到出生，还在说。

喇嘛左耳对着赫兰的小嘴，又换右耳听。然后微笑着说，我们会说九九八十一章史诗的江格尔齐降生了。

《本巴》第 296 页

"文学以虚构之力，护爱这个世界的真实"

——访第十一届茅盾文学奖获奖作家刘亮程

□ 教鹤然

"写作《本巴》时，我看见自己的心依然古老而天真"

教鹤然： 少数民族三大史诗在新疆地区都有所流传，您为何选择《江格尔》作为小说创作的史诗资源？记得您曾经说过，自己创作《本巴》与听到江格尔齐演唱有关，能否具体分享一下《本巴》的创作初衷和缘起？

刘亮程： 十多年前，我有一个主要做地方文化旅游的工作室，在给新疆和布克赛尔蒙古自治县做旅游文化时接触到了当地的江格尔齐。该县是土尔扈特东归地之一，也是《江格尔》史诗传承地，被称为"《江格尔》的故乡"。《江格尔》史诗便是土尔扈特人的祖先西迁伏尔加河流域时带去，又在东归时带回来的，他们带着口传史诗在辽阔大地上迁徙。

之前我也读过汉译本的《江格尔》史诗，但听到活态的史诗说唱还是很震撼。我在草原上第一次听和布克赛尔蒙古自治县的老江格尔齐加·朱乃演唱，感觉那古老神奇的声音能将远山、辽阔草原、万千生命，以及无垠星空和祖先连接在一起。当时并没想到以后会写一部跟《江格尔》有关的小说。我们只是给该县做《江格尔》旅游文化塑造，参与设计建造了江格尔史诗广场，组织《江格尔》专家研究史诗英雄的性格、相貌特征及所佩兵器等，设计制作巨型雕塑祈福酒碗，邀请画家张永和绘制了十二英雄以及江格尔和阿盖夫人的画像，等等。

以上这些都在《本巴》中写到过。十多年前我曾为《江格尔》史诗做事，十多年后当我以史诗为背景写作小说时，其中我们做过的许多事自然而然地成了小说的故事。当然，这部小说最主要的故事并不是我所做的这些事，我们在现实生活中可以拥有很多，但是我们在梦中拥有过什么、在梦中遭遇和改变过什么，这才是《本巴》关注的主题。

教鹤然：《本巴》首次发表于《十月》2020年第5期，2022年1月由译林出版社作为"刘亮程作品"七卷本之一出版。书的后记中写到出版时或多或少又做了一些调整。能不能请您详细谈一谈从杂志首刊到出单行本经历了怎样的修改和增删过程？

刘亮程：《本巴》在《十月》杂志发表时，其实还未完成，但故事已经很完整，可以发表了。一部作品的完成与否，可能只有作者知道。故事的完整形态在作者心里，他不写出来，读者是不知道故事有多长的。一部小说是从一堆故事中走出来的一个故事，读者看到的是它活下来的部分。《本巴》是一次意外写作，我原本打算写土尔扈特部东归，那场发生在200多年前的大迁徙让我震撼，我为此准备了很久，在土尔扈特部东归地之一的和布克赛尔蒙古自治县采访东归后人，还去过东归所经的哈萨克草原。原本已经动笔写了五六万字，但又停了下来，因为5岁的小江格尔齐出现了，他将故事带到了别处。原本宏大残酷的迁徙与战争被游戏所替代，游戏成为小说的主体，完成了一个自足世界。后来，我又添加了12位自小听《江格尔》史诗长大的青年，装扮成史诗中的十二英雄，去营救小江格尔齐，最后全部牺牲。这是原小说中的核心故事，被压缩到《本巴》中，并借用了史诗中对各位英雄的描述，完成了一场史诗级的英勇牺牲。

教鹤然：选择活态史诗作为写作对象，以文学书写将史诗的故事记录下来，是很有难度也很有挑战性的。长篇小说的篇幅有限，但活态史诗永远会生成新的文化内涵。您在写作的过程中，是否也会感受到史诗本身的生长性？

刘亮程：《本巴》不是按照史诗套路去讲史诗中的故事。对于那些古老神奇的故事，现代小说不会比史诗本身讲得更好。你可以认为《本巴》是《江格尔》史诗在现代作家笔下的一次节外生枝，它是完全不同于史诗的新故事。

《江格尔》史诗尽管还有齐在说唱，但它的生长性肯定不如古代了。十年前，我刚认识加·朱乃的时候，据说他会说唱 70 章《江格尔》，现有的汉译本《江格尔》的一部分就是由他的说唱整理的。前不久我在和布克赛尔县又见到了加·朱乃的孙子道尔吉·尼玛，我们一行在晚宴上听他说唱《江格尔》，大家都被震撼住了，他的声音极有穿透力，像是能把听者带入到那个古老遥远的史诗空间。道尔吉·尼玛尽管年轻，但他说唱史诗的嗓音里有古老的、能够走进我们心灵的声音。

道尔吉·尼玛给我们唱了两段《江格尔》，他说家里的十几只羊在黄昏时被狼咬死了，要开车进山里看看。狼咬死羊这样的事，在史诗初创的遥远时代便在发生着，现在依然在发生。我看着道尔吉·尼玛走入夜色中的背影，知道此时此刻被黑夜笼罩的草原、山岭、星空、草木和牛羊，都是古代的。史诗能被现在的我们接受，必定是史诗中所描述的那些大地永恒之物在今天依然存在，我们的心灵中也依然存有天真古老的情感。

写作《本巴》时，我看见自己的心依然古老而天真。《本巴》是我做的一场天真之梦。它既在史诗之中，又在史诗之外。文学是做梦的艺术。就像传说中江格尔齐从一场大梦中醒来就会唱所有的《江格尔》诗章，我从童年便开始的一场场梦中醒来，开始文学写作。

"作家在心中积蓄足够的老与荒，去创作出地老天荒的文学时间"

教鹤然： 谈及这部小说，我们很容易会注意到时间因素，时间是物理概念，也是哲学概念。《本巴》中的时间是非线性的，空间也是流动的，过去、现在与未来的时间与空间相互交织缠绕，形成了平行时空或多重宇宙的复杂格局。如果读者带着三维现实世界的时间观念进入文本，一定会被作品中随性、可逆、跳脱的时间感所震撼。您为什么会选择以文学的形式来书写时间的本质？

刘亮程： 我一直生活在农耕时间。一种缓慢、悠长、确定、没有被分割的时间，比如麦子从发芽长叶、抽穗到黄熟的时间，天亮到天黑的时间，长成一棵树、长老一个人的时间，做成一场梦的时间，等等。这样的时间地久天长，循环往复，从来不曾逝去，时间悠缓到我们不必追赶它，它也不会丢下我们。

我在《虚土》中写了人的一生如旷野般敞开，每个年龄的自己在同一片时间旷野上。所有人长大长老了，我独自回去过我的童年。《本巴》的时间奇点源自一场游戏。在"还有足够的时间让万物长大"的人世初年，居住在草原中心的乌仲汗感到了人世的拥挤，他启动搬家家游戏让人们回到不占多少地方的童年，又用捉迷藏游戏让大地上的一半人藏起来，另一半去寻找。可是，乌仲汗并没有按游戏规则去寻找藏起来的那些人。而是在"一半人藏起来"后空出来的辽阔草原上，建立起本巴部落。那些藏起来的人，一开始怕被找见而藏得隐蔽深远，后来总是没有人寻找他们便故意从隐藏处现身。按游戏规则，他们必须被找见才能从游戏中出来。可是，本巴人早已把他们遗忘在游戏中了。于是，隐藏者（莽古斯）和本巴人之间的战争开始了，隐藏者发动战争的唯一目的是让本巴人发现并找到自己。游戏倒转过来，本巴人成了躲藏者，游戏发动者乌仲汗躲藏到老年，还是被追赶上。他动用做梦梦游戏让自己藏在不会醒来的梦中。他的儿子江格尔带领本巴人藏在永远25岁的青年。而本巴不愿长大的洪古尔独自一人待在童年，他的弟弟赫兰待在母腹不愿出生。努力要让他们找见的莽古斯一次次向本巴人挑衅，洪古尔和赫兰两个孩子担当起拯救国家的重任。

这个故事奇点被我隐藏在小说后半部。时间是与我们同在的一个事物，我在哪儿，时间就在哪儿。我的写作中，时间不是障碍。我早年的散文多用句号，我希望在每一句里写尽一生。下一句一定是别有天地。作家对时间的处理，体现在每一个句子。

文学写作是一门时间的艺术。时间首先被用作文学手段：在小说中靠时间推动故事，压缩或释放时间，用时间积累情感等，所有的文学手段都是时间手段。作家在一部作品中启始时间、泯灭时间。时间成为工具。只有更高追求的写作在探究时间本质，呈现时间面目。

关于时间的所有知识，并不能取代我对时间的切身感受。或许我们在时间中老去，也不会知道它是什么。写作，使我在某一刻仿佛看见了时间，与其谋面，我在它之中又在它之外。作家在心中积蓄足够的老与荒，去创作出地老天荒的文学时间。荒无一言，应该是文学的尽头了，文字将文字说尽，走到最后的句子停驻在时间的断崖。我曾看见过时间的脸，它是一个村庄、一片荒野、一场风、一个人的一生、无数的白天黑夜。我用每一个句子开启时间，每一场写作都往黑夜走，把天走亮。我希望我的文字，生长出无穷的地久天长的时间。

教鹤然：小说中还有一些与时间相对应的意象，比如"梦"。《本巴》的核心故事是通过"做梦"的过程展示给读者的，这种艺术处理背后有什么深意？

刘亮程：写《本巴》时我始终面对的是一场来自童年的被人追赶的梦。梦中我惊慌奔逃，追赶我的人步步逼近，我在极度恐惧中惊醒过来。即使现在，我依然会做这样的梦。现实中的我已经成人甚至老去，但梦里的我依然是个孩子，仿佛我长大的消息还没有传到梦里去。梦真是一个不可理喻的世界。我们生命的一半是在不能自己掌控的梦中度过的。偶尔的一个梦中我没有惊醒，而是在追赶者眼看要抓住我的瞬间，我飞了起来，

走在文学高地 第十一届茅盾文学奖获奖作家对话录

追赶我的人却没有飞起来。我的梦没有给他飞起来的能力。这个飞起来的梦给了我巨大的启示：我们在梦中的危难是可以在梦中解决的。

《本巴》的初心是解决梦中的问题，将梦中所有危难在梦中解决，让梦安稳地度过长夜，让那个醒来后的白天一如既往地过下去。因为那个白天发生的一切都不是故事，是现实。而现实对面的梦，占有着跟我们的醒一样长的夜晚时间。那也是我们的现实。《本巴》关注人睡梦中的那一半现实，我们把它叫做梦，梦中的我们可能不这样想。

我曾写过一只醒来的左手，它能在人睡着时把梦中的东西转移到梦外，也能把梦外的东西拿到梦中。这只醒来的左手是语言。《本巴》是我用语言做的一场梦，语言接管了那个梦世界，让一切如我所愿地发生。这是一场飞起来的梦。

教鹤然：英雄是民族最闪亮的坐标，一个有希望的民族不能没有英雄，弘扬英雄气概也是文化自信的内容之一。当下书写英雄的作品并不少见，但《本巴》中的英雄形象却带有一点"反套路""非典型"的色彩，对传统史诗的叙事逻辑有一定的解构性。您怎么看本巴世界中的英雄形象？

刘亮程：《本巴》重新定义了英雄，就像小说中的莽古斯，白天耀武扬威杀害本巴人，但夜晚的梦中却被江格尔追杀，江格尔是梦中英雄，我们每个人都想成为自己的梦中英雄。可是，更多的梦中我们是弱者。

《本巴》面对的正是一个不由自主的梦中世界。小说发生在不会醒来的梦中，江格尔史诗是本巴人的英雄梦，他们创造史诗英雄，又被英雄精神所塑造。小说中的本巴世界是由齐说唱出来的，说唱本身在虚构梦，齐也称为说梦者。齐说唱时，本巴世界活过来。齐停止说唱，那个世界便睡着了。但睡着的本巴人也会做梦，这是齐不能掌控的。说梦者齐只说出了一重梦。梦中之梦属于另一个世界。江格尔在梦中消灭莽古斯，江格尔的父亲乌仲汗将汗国的牛羊转移到梦中，哈日王则掌控着所有梦，让梦如他所愿去发生。但是，现实最终击穿了梦，因为故事讲述者齐处在生死关头，《本巴》故事触到一段真实的历史：土尔扈特东归。5岁的齐和整个部族面临危险，如果齐牺牲了，传唱史诗的部族被敌人消灭，本巴世界将永远消泯。危难时刻，战无不胜的史诗英雄出现在每个人心中，史诗英雄的精神鼓舞了人们，部族走出险境。江格尔齐的说唱没有终止，史诗一直传唱到今天。

"只有真实无比的细节，才能虚构出一个可信的世界"

教鹤然：《本巴》的语言很有特点。很多小说是以情节和人物推动故事发展，但《本巴》的小说叙事不是在这种逻辑下展开，而是以语言和修辞推动小说叙事不断发展，充满了复杂性和多义性。您为什么会选择以这种"不那么小说"的语言来写长篇小说，是否得益于您此前从事诗歌、散文写作的经验？

刘亮程：我最早写诗。后来写散文，也是受诗歌语言影响。再后来写小说时，反而觉得自己更像诗人，早年写诗时压抑的诗情，在小说中得以释放。我的一些小说故事，其原点是诗歌意象。或是早年的一句诗，在心中长大成为一部小说的故事。这样的小说只能用诗歌语言去写。我对语言有自己的追求，我希望自己写的每一个句子都有无数的远方。这样的语言可能不适合讲故事，但它适合写我创造的故事。

我也时常遭遇语言的黄昏，在那个言说的世界里，天快要黑了，再无事物被语言看见，语言也看不见语言。但总有一些时刻突然被语言照亮。我书写被我的语言所照亮的事物，不论小说、散文还是诗歌。

教鹤然：从《捎话》到《本巴》，您的创作一直带有"元小说"的特质，引发了许多作家、学者和读者关于小说写作方法论的探讨和思考。您怎么看待这一评价？好的方法和好的内容，哪个对于小说创作来说更为重要？

刘亮程：一部小说的故事决定了它的身体。由语言塑造出的故事身体，自成世界。我的上一部长篇《捎话》，设置了两个叙述者：库和毛驴谢。作为人的翻译家库，能听懂所有的语言，但听不懂驴在叫什么。他能看懂人世但看不见鬼魂。而毛驴谢能听懂人话鬼话，能看见声音的颜色形状。在小说开篇，第一章是驴的视角，第二章是人的视角，交替讲述。到后来便混在一起了，人和驴一起讲述。因为有严格的角色设定，读者容易辨别哪些故事是人在讲，哪些故事是驴在讲。当然，也有读者将其作为全视角小说读，也没问题。

《本巴》的叙述是多视角，但故事设定更加复杂。无论怎么写，写作者是在写一个世界，这个世界由作家的语言创生，你要保证你离开后这个世界还能活下去。你赋予它时间空间，赋予它众多的生命，每个细节的塑造都如造物。本巴世界是虚构的，但构成这个世界的细节是真实的，只有真实无比的细节，才能虚构出一个可信的世界。

教鹤然：《本巴》系列歌曲《做梦梦》发布，文本剧《一梦本巴》也与读者见面，舞蹈、朗诵、音乐、剪纸、装置等视听艺术在纸张之外建造了本巴世界，在破圈跨界上做出了很好的尝试。您如何看待《本巴》作品的其他艺术表现形式？

刘亮程：《本巴》舞台剧正在排练中，明年有望演出。除此之外，也有游戏和影视商家对作品感兴趣。我个人觉得，《本巴》做一款游戏应该是很好的。它本身由三场游戏架构而成。当然，我还希望它能拍成动漫电影。《本巴》内部可以再生出许多的故事，我写《本巴》时，把许多故事的枝杈打掉了，但影视可以让这些故事再生长出来。

教鹤然：今年上半年，您出版了最新的散文集《我的孤独在人群中》，您下一步的创作计划是什么？是否会继续锚定史诗资源，创作另一部长篇小说呢？

刘亮程：我的新长篇《长命》已经完成了主体，再修改一年就可以出版了，这是我在菜籽沟村获得的故事。我在这里等来了自己的 60 岁，《长命》也是我命中注定的写作。生老病死和生生不息，是这部小说的主题。生老病死并不是我的小说的尽头，生生不息里有子孙也有祖先神灵。我活到 60 岁，脑子里的东西比外面的多。我的脑子里有这个世界没有的东西。

许多亡人也在那里活着，甚至一些过去的年代也在那里活过来。我见识过、经历过、想象过，许多都会遗忘，但总有一些时光会被文字保留住。

采访手记

我对刘亮程的第一印象，始于他刚刚得知《本巴》获得第十一届茅盾文学奖时，我们之间的一通电话。那时，他的语气很平静，伴着听筒里传来的风声鸟语，有种特别的"松弛感"。年轻时，刘亮程离开了他的村庄，去城市中寻找自己的人生，50岁以后，他选择回到故乡，在距离乌鲁木齐约300公里的木垒县城西南部山区菜籽沟村住了下来，在日出日落的闲适和悠长中读书写作，寻找到了属于自己的生活节奏。后来，从《文学的日常》《大地生长》等纪录片的镜头中，我更为具象地看到了那种田园牧歌、世外桃源般的生活，看见秋天来到一棵树上，慢慢地将果实缀满枝头，慢慢地将叶子染成金黄。在木垒书院，生命随着时节不断抽枝发芽，渐渐开花结果，又缓缓老去，城市里的时间仿佛全然失效，这种"向往的生活"深深地吸引着每个在城市中疲于奔命的人。有网友曾这样评价《本巴》："如果你无法战胜沉重的生活，推荐看一看这本书。"也许，就是这种与自然融为一体的生活方式和文学底色，让他的创作像是"一袋没有的盐"，虽然是无形的、难以量化的，但读者却仿佛能真实地尝到咸味。

新疆这块土地上有着绚烂的多民族文化，刘亮程生于斯、长于斯，也以此地作为文学创作的精神故园，创作了《一个人的村庄》《在新疆》《一片叶子下生活》等很多作品。新疆对他的文学生命来说，有着特殊的意义。他在接受采访时，特别谈到新疆的自然风貌和万物生灵塑造了自己文字的气质："我小时候生活的村庄，是一个人畜共居的村庄，我在那里认识了自然。我跟草一起长大，跟树一起长老。我文字中书写的是一个人与万物共存的家乡。这个家乡是我小时候生活的村庄，也是我长大后去过或没去过的任何地方。"文学的种子埋在家乡的土壤，而那片土地联结着整个世界，也联结着每个离开故乡的人的过去、当下和未来。他认为，文学与故乡的关系是，当写作者把自己的小小的家乡写到世界上去，家乡文学便能成为世界文学。这种把家乡写成世界的观念，始终贯穿了他的文学创作实践。

刘亮程曾不止一次在不同场合提到，文学是做梦的艺术，是现实世界的无中生有。他说："我相信优秀的文学都属于'不曾有'，当作家将它写出来后，我们才觉得它是这个世界应有的。而作家没写出来之前，它只是一个没有被做出的梦。但它一旦写出来，便成为真实世界的影子。"今天我们还需要文学，就像我们需要做梦一样。在每个真实的白天尽头，都有一个夜晚安顿人的身体和睡眠。在巨大的真实世界对面，也有一个文学的虚构世界。《本巴》就是梦的产物，也是作家写给自己的童年史诗。

他在早年的诗歌《一生的麦地》中写道："生命是越摊越薄的麦垛，生命是一次解散。"这场"解散"的生命，穿过《一个人的村庄》，在《虚土》中扩展为人一生的时间旷野。《本巴》延续了这样的时间想象。"梦""童年""时间""游戏"……每个走进刘亮程文学世界的人，都会对这些富有诗意和文学性的繁复意象印象深刻。多重梦境与多种游戏相互嵌套，形成了小说叙事的复杂结构，也形成了虚构与现实的互相参照。我在阅读的时候，会不自觉地联想到克里斯托弗·诺兰执导的电影《盗梦空间》。特别有意思的是，在这本书获得的各项嘉奖和荣誉中，还包括了2022中文科幻数据库年度推荐榜单中本土长篇小说的第一名。榜单选家认为可以将《本巴》视为科幻作品，或者是具有科幻思维和世界观的长篇小说，其标准在于"尽最大可能松弛了对'科幻'的定义，考察认知层面的惊奇感与可信度，以及思辨的深度广度、完成度和原创度"。史诗传统是面向历史的，科幻思维又是面向未来的，这两者却同时出现在对《本巴》的评价中，充分展示了作者如梦的想象力和敏锐的感知力，以及作品为读者带来的巨大的"惊奇感"。

"文学以虚构之力，护爱这个世界的真实。"《本巴》以三大民族史诗之一《江格尔》作为写作背景，借用了江格尔、洪古尔、策吉等几位史诗人物，创造了一个以梦和游戏为主体的新故事，作品触及了真实的历史，又重新定义了历史之中的英雄。如何理解本巴世界的复杂与多义，如何理解刘亮程创造的文学空间的丰富和神秘，都可以从这篇充满诗意的对谈中找到答案。

亲近这天真的王国童话

□ 管小榕

2021 年，新疆下了第一场雪的时候，刘亮程老师给我们发来了他木垒书院的雪景视频。视频里一片乌泱泱的白，树木、小屋银装素裹，广袤无声。另一个视频里，刘老师带小孙女知知扑通一声坐到雪地上，抓起一把雪，说"干净，能吃"，自己吃了两口后，又抓起一把，喂到知知嘴里。知知呱巴呱巴嘴，赞同似的点点头。于是祖孙俩就你一口、我一口地，吃了好久的白雪。刘老师就是生活在这样的世界里。这里时间缓慢、白雪能吃、虫子会记得自己前世走过的路。这是《本巴》诞生的家园。

《本巴》很像一出诗剧。一翻开，是一个印着四句《江格尔》史诗的题词页，交代了本巴的世界设定：故事是发生在很久以前一个没有衰老、没有死亡、人人活在 25 岁的青春王国本巴国。之后就是人物表，展示了每个人物的形象、本领、身份。接着是一场四幕剧，演出了"搬家家""捉迷藏""做梦梦"，以及跨越到 21 世纪的"本巴之旅"。最后，以两段《江格尔》史诗作结，仿佛剧终悠扬的唱诗，让故事又回到了小说的最开始。

《本巴》的语言则充满诗的韵味。在刘老师的语言里，常常有一种用空间来表达时间的手法。比如在开头写到摔跤手萨布尔："他在二十三岁时突然想起一桩往事，掉转身跑回到童年，把小时候赢了他的一个伙伴摔倒，扔出去七年远。"在这里，时间仿佛变成一条可以走过来，走过去，又随时停下的路。抽象的概念此时具象起来，把文本的空间撑开、撑大了。

《本巴》里设定了史诗世界和真实世界两个空间里的不同规则，以及从一个世界去到另一个世界的方法，等等。在改稿过程中，我发现一些细节的设定有些模糊，不便于读者理解，于是跟刘老师进行了电话沟通。电话中的刘老师午睡刚醒，说他正要泡杯茶，可以听到话筒那边茶杯的叮当声。我把问题一个一个向刘老师请教后，刘老师慢悠悠地回答："这个嘛……它是这样的……"他轻轻几句话，那些不合常规的细节，都异常合理起来。这个电话让我经验性地感受到举重若轻的力量。

在《本巴》的编辑过程中，最困难的是如何在文案中给读者搭一座进入的桥。《本巴》充满象征的人物与游戏、史诗背景下的丰厚内涵、高浓度的诗性语言、超出一般认知范围的世界设定，都让这个文本具有丰富的阐释空间，但同时也使它具有一定的阅读门槛。尤其是它并不具备传统小说中那种可以言说的典型情节，使编辑难以用三两句话就把故事说清。于是，陆志宙老师与我反复讨论宣传方案。最后我们舍弃掉了面面俱到的贪心。封底文案呈现出来的，是几个孩子的故事，是小说文本里最天真、亲切的一面，也是本巴世界的日常轮廓。

我们试图通过一些更新颖的形式来展示《本巴》的"好玩"。比如邀请多位艺术家以文本剧场的方式演出了《本巴》诗剧；以"在春天里做游戏才是正经事"为题，通过游戏人物功能、打怪模式的介绍，来讲述《本巴》的小说内容。我们所做的一切都是希望读者可以感受到：《本巴》是一本好玩的书。

《本巴》的装帧设计师朱赢椿老师曾说，刘老师是个轻声慢语的人。

刘亮程·《本巴》

所以书的设计安静就好，而书名与作者名就是最好的元素。最终，朱老师让小虫子爬出了《本巴》封面上的"本巴"两个字，让这小小的生命，创造出本巴世界在人间的轨迹，呈现出一种安静、简古的氛围，让人可以细细倾听书中的声音——风雪夜，篝火旁，说唱者的呢喃，生命的碎响。

（作者系译林出版社编辑、《本巴》责任编辑）

《本巴》读者热评

@ **小梨**：这是一次前所未有的阅读奇遇。每一句都在脑子里炸烟花，黑白的字迹到了脑子里竟能变幻出像是《九色鹿》《天书奇谭》一样的画面色彩，形成万马奔腾之势。刘亮程笔下有乾坤，毫厘之间自成一世界，千里之外瞬息可至。哈日王在母腹中伸出一只脚，便可踢翻班布来宫。江格尔王能穿越岁月，牵住美人的手。这本书要读三遍：第一遍享受文字，第二遍再看故事，第三遍进入本巴世界。最后落座英雄群集的盛宴。

@ **偷咖啡的猫**：这本书最可贵的地方在于"原始意象""民族风情""有生气的想象力"。就像一阵风刮来，把遥远的蒙古神话、史诗艺术还原成小说，用他自己的艺术美强化了勃勃生气。既民族风又后现代，想象力惊人，似乎就像卡夫卡写作那样，充满活力……草原上的风呼呼刮过，刮过前世今生，刮来历史场合，刮过一幕幕英雄人物事迹，刮过童年和异梦……刘亮程就像"风的使者"，西北呼啸而过的风，吹出一篇篇故事。那是带有民族底蕴的风，和《呼啸山庄》那欧洲荒原的风截然不同。

@ **见到虫虫鹿**：看完一本好书是对它最基本的尊重，充满哲思的文字讲述着时间和梦的史诗故事。读到三四章的时候，好像作者打破了第四堵墙，让史诗的主人公赫兰从史诗走到现实世界中来。有一种类似《楚门的世界》的即视感，跟随现实中的所闻逐渐明白："当我们认真生活的时候，便没有什么是不真实的，当我们认真做梦的时候，真实的生活也会被我们颠覆起来。"作者想让我们明白的是，时间和梦一直都是来回补充的，我们所处的世界和梦的世界都是真实的，世界在一个山谷中，移动的只是光阴和人的脚步。年轻时贪图醒来的世界，老年时喜欢用不会醒的梦去占有世界，心灵创造了你的梦，世界就成了你的一个想法。我喜欢这本书，正是因为它重新诠释了时间和梦。

@张瑜：刘亮程用一部本巴世界的"孩童书"写尽了远离故土的人们遭受的沉痛创伤：比起遗忘，真正难捱的，是人们试图寻根的每一次尝试。正像贾平凹在《一直游到海水变蓝》这部纪录片中所说的——你生在那里，其实你的一半就死在那里，所以故乡也叫血地。而那片梦境尽头的辽阔草原，不是一个仅仅用来体验游牧的消遣圣地，还有无数思乡的人们，还有无数先辈的眼睛，在猎猎作响的风声里，在暮霭沉沉的夕阳中，见证着千年前的尘土，终于落在游子的脚下。

@芥子书屋：有人不愿变老，有人不愿长大，有人不愿出生。于是，他们便停留在他们想要的年纪。所有人都活在一个不愿醒来的梦里。书中的文字透着灵气，仿佛可以闻到草原上草叶汁液的芳香，可以感受到从三年前刮来的风吹到脸上的惬意。本书是一部英雄的史诗，英雄是由凡人创造出来的，当凡人相信了英雄的存在，凡人也可以成为英雄。宇宙由奇点诞生，也将回归奇点。当热寂过后，又将开始新的轮回。

@hyypia1982：《本巴》讲述的故事，有点魔幻主义的影子。它脱胎于江格尔传说，却是以近乎童话的形式呈现在读者面前。这种对民族史诗的解读方式，前所未有，但又新颖无比。如果沉下心来仔细研读，几乎所有人都可以从中找寻到自己童年的影子。故事中的人物由于时间停止而永葆年少，他们缺乏成年人的狡黠，但同时保留下属于孩童的天真与可爱。当成年之后的我们，在陷入中年泥潭中挣扎彷徨时，读罢此书，一定会羡慕和留恋那满是"搬家家，捉迷藏，做梦梦"的时光。

（评论由《文艺报》选自网络平台）

《本巴》：敞开小说的无限可能

□ 刘大先

　　在第十一届茅盾文学奖获奖作品中，《本巴》与其他几部似乎略有参差，即便置入整个茅奖的历史中，它在题材与风格上都堪称一个独特的存在。一般对于茅奖作品的想象，多少会与广阔的现实、厚重的历史、复杂的生活等联系在一起，而《本巴》则是幻想的题材、轻盈的叙述。它的获奖，打破了那种关于茅奖的题材、主题的刻板印象，显示出茅盾文学奖的多样性、开放性和包容性，乃至于激发我们重新思考"小说"这一文体的生长空间，以及文学在今日民众生活中究竟扮演何种角色等问题。

　　这一切都源于《本巴》的文本特质：它当然是小说，但也可以称为童话或者寓言；它充满飞翔的气质，却包裹着关于梦幻、游戏、时间的深邃内核；它将深沉的历史化为飘逸的思辨，让文学呈现出其有别于其他形式的表述。

　　《本巴》从蒙古族史诗《江格尔》中抽取元素进行当代创编，但它并非简单地还原式重述，或者进行现代性的反思，而是将土尔扈特部回归的历史与史诗的吟唱进行了联动，从而营造出一个似真似幻的文学空间。一般还原式的重述往往只是将口头文学进行书面文学的转写，这种转写往往经过记录者的修订润饰，如在前现代时期不同年代转写者层累式完成的《荷马史诗》，或者浪漫主义和民族主义觉醒年代伦罗特独立搜集整理的《卡勒瓦拉》。但在世俗化的"散文时代"，现代性"祛魅"的史诗已经被"现代史诗"小说所代替。小说作者身处现代性语境，即便试图进行迷狂的书写，也依然笼罩在理性思维的框架之中。从这个意义上来说，《本巴》是原初史诗的否定之否定，抛却史诗的外壳，而采用史诗的元素和思维进行文学的创新。这种"小说"，实际上是对18世纪以来欧洲兴起的小说规制的突破。

《本巴》的突破性体现在，激活古老史诗的活力因子，让诗性智慧在理性时代重获生机，具有思想上的启示意义。《本巴》淡化了原史诗的族群性和地方性色彩，在字里行间却蕴含着中国多民族交往、交流、交融的内涵。作为重新锻造出的可译性文本，它既是如梦如幻的中国故事，又是普遍共情浩瀚的世界文学，返璞归真，举重若轻。这使得《本巴》的文本兼具卡尔维诺的灵巧气质和乔伊斯的象征品格，同时又是根植于本土文化多样性的崭新艺术创造。小说的无限可能性于此敞开，这也意味着需要重新认识中国文学的当代性问题。

所谓"当代性"显然包含了几重内涵，物理时间意义上的年代分期，意识形态意义上的政治性，以及躬身入局意义上的情感与态度。在文学饱受新媒体冲击的当下，它在民众生活中的出路与位置究竟何在？我想，《本巴》也许提供了一种路径：前现代史诗原本是根植于民众日常的集体欢腾形式，现代以来则分化为一种艺术门类，并向着日益细致的分支拓展，由于不同媒介与载体形式的迭代更新，小说在民众日常生活中日益小众化。但形式的小众化，并不意味着史诗精神或者普泛的文学性的式微，它可能转化为其他形态。

如今《江格尔》已经成为非物质文化遗产代表作，但遗产如果仅仅是标本化的、博物馆化的，就失去了其活力。"文化"与"传统"如果要鸢飞鱼跃般生生不息，那么就需要进行创造性转化与创新性发展，使之重新焕发生机。《本巴》对《江格尔》的发展，就显示出认识、弘扬、再造传统的当代路径：传统即创新，它并不是复古与拟古，而是经过现代性洗礼后的革新与发展，将其重新置于当代文化生产与生活之中。唯其如此，传统的魅力与活力才能绽放出璀璨之花。

《本巴》：现代史诗的梦幻与现实

□ 丛治辰

刘亮程新作《本巴》与现在常见的长篇小说相比显得相当特异，其创新性充分挑战了我们的阅读习惯。这种创新性表现在很多方面，但最根本的仍在语言和修辞，这当然和刘亮程个人的写作历史有关系。刘亮程以散文出道，他的散文又富于诗性，因此在《本巴》当中满是散文一般的语言，诗一般的语言。小说的叙事不是在现实逻辑的层面展开，而是用语言不断推动语言，用修辞不断推动修辞，由此呈现出复杂性和多义性。当小说中一位老人在讲述 60 岁、70 岁、80 岁的时候，会说岁月、时间如何跟自己捉迷藏，会说自己的牙齿开始跟自己捉迷藏、头发也开始跟自己捉迷藏，这样独特的表达将句子不断折叠又不断延展，在重叠与错位中造成语意的衍生，这是一般小说所没有的。我怀疑这样的语言操作方式，不仅与刘亮程个人的语言习惯有关，也和他所身处的地方有关。

《本巴》有相当鲜明的地方性特征。与少数民族有关的小说，书写民族地区、与民族语言互动的小说，往往呈现出特殊的、充满诗意的语言风格。但地方性特征还不仅表现在语言层面，更表现为一种思维方式。《本巴》中对现实与虚构关系的处理和理解，是民族地区之外未必有的，或者说已经失落的。比如小说的叙事不断在梦中穿梭，梦中又有梦，这种笔法让我们想起唐传奇中的类似故事。有人说唐传奇里的此类想象，或许本就与唐代从印度等地舶来的思想有关，使得原本趋于固化的思维方式得以活跃，是唐代文化多元的重要表现。

当然，地方性元素在《本巴》中最突出的表现，乃是史诗《江格尔》的相关元素。《本巴》是向《江格尔》致敬之作，但毕竟是一部现代小说，对传统的史诗做了非常有趣的改造。史诗往往被认为是如青铜一般坚定、厚实和悠久的，但刘亮程却让它呈现出一种缥缈和轻盈的文学品质。

在谈及这部小说的时候，大家都很容易注意到时间这个因素，但小说中还有另外一些词与时间相对应，那就是梦、游戏。在《本巴》里，"梦"显然是重要的，小说一直在梦中，在梦与梦之间穿梭，这在相当程度上构成小说的叙事结构。梦在这部小说里分为诸多层次。第一个层次是"梦想"，是作为不完美的现实世界中一种美好想象的梦，这样的梦在古老的神话、传说、童话，当然也包括史诗中都大量存在。小说中的英雄永远停在 25 岁不会变老，就是此种梦。在小说里的那些游戏当中，我们也看到这种与现实对立的梦的质地——为什么人们会沉迷于游戏？直接的原因就是游戏可以解压。因此在读到小说里那些游戏的时候，我立刻意识到，从某种意义而言，这或许也可以视为小说针对当今社会日益沉重的生活压力，提出的一个解决方案——在游戏当中不断增加自己的财产，在游戏当中隐藏自己，找回自己失去的时间，回到自己的童年，等等，都可以视作拥有美好愿望的梦。但是和神话、童话等古老文体的处理方式不同，现代小说家刘亮程并未对这样的美梦做简单处理。譬如英雄永远停留在 25 岁，这看上去是相当美好的，但是刘亮程却让这样一种停留带上了负疚的情感，让我们辩证地认识我们美好的愿望。对于那些游戏同样如此。利用游戏进入梦境，从而逃脱现实生活的重压，这是让人愉快的，但是刘亮程却在小说中发问：如果所有人都成为孩子，那么这个世界怎么办呢？我们会清楚地意识到，那些不断逃脱现实的梦想，实际上恰恰携带着残酷现实的重量。为什么要逃离现实？是因为对现实中的欲望无法摆脱，甚至念念不忘。之所以会去滚那些羊粪蛋，是因为捉迷藏游戏最后有一个奖惩措施，那涉及财产的失去或增殖。小说中的梦只是看上去显得干净和单纯，其实不过是一种语言的幻觉。

关于"梦"的第二层内涵，小说在开头就已经有所暗示。《本巴》开场描述了一幅有如《巨人传》的图景：功成名就的英雄们忘记了自己保家卫国的责任，而整日沉湎于宴饮。连续的狂欢难免让他们的部落陷入困境。但他们只是不断重复地讲述早年作战的故事，这些故事被讲述了一遍又一遍后，便成为一种所有人共同的梦幻。小说中梦中杀人的作战方式因此也显得耐人寻味，梦中杀人，无人知晓，但是经过讲述却可以使人相信。《本巴》正是这样触及了梦的第二个层次，那与江格尔部落的治理方式有关。

但如果谈及这一层面，那么对于一部小说而言，最有权力的莫过于作者了。这就涉及小说第三个层次的"梦"，即关于虚构艺术，关于小说本身。《本巴》里有好几处论述，在我看来是极好的有关小说技术的讨论，譬如它会说，人物一旦在梦中成形，做梦者便无法控制这些人物了，人物和情节有自己的逻辑——这不就是在讲小说写作吗？在这一层次当中，刘亮程同样在不断探讨梦与现实的关系，也就是小说这一虚构艺术与现实之间的关系，由此他重新彰显出文学在当代的价值。文学到底有什么用呢？《本巴》告诉我们，一旦往事被书写进史诗，史诗就是没有仇恨，没有疼痛的。这意味着，历史与现实中的一些纠葛，或许可以从文学思维中得到启发。当小说从梦中穿越出来，回到旅游点的时候，当小说将梦中的故事隐隐指向东迁往事的时候，小说谈及史诗当中的本巴乃是不同种族、不同语言的人们共同生活的美好家园，这里的人都有 25 岁的年轻心灵，谈及史诗中不应该有仇恨，所有的仇人都应该结为兄弟，江格尔手下的英雄们过去大半是他的敌人。这样一些表述，都表现出刘亮程身在边地的一种特殊的思考力度。

我们由此需要严肃地对待这部作品，对待史诗。对于一个民族来说，史诗是严肃的存在，人们会确定地相信史诗中有关自己民族历史和英雄们的记载。正如《本巴》里也写到的，无论显得多么光怪陆离，史诗其实不是虚构而是真实，史诗当中的英雄教给我们如何生活，史诗当中的道理同样会对现实产生影响。在此意义上，这部现代小说《本巴》，或也应被视为一部现代的史诗，因为它其实在与现实发生着深刻的互动关系，尽管是以虚构和梦幻的方式。

孙甘露·《千里江山图》

出 版 社：上海文艺出版社

出版时间：2022 年 4 月

责任编辑：李伟长　江　晔

孙甘露的《千里江山图》，是理想和英雄的风雅颂。革命者以信仰、纯真和勇气高举起冲破黑暗的火炬。对城市空间的凝视和摹写，寄寓着对江山与人民的挚爱和忠诚。叙事明暗交错、光影流转，节奏急管繁弦，在静与动的辩证中保持着沉思与抒情的舒朗开阔，为革命历史题材写作传统展开了新的艺术向度。　有鉴于此，授予《千里江山图》第十一届茅盾文学奖。

通过写作来回望历史

□ 孙甘露

感谢评委的肯定和鼓励，能和这么多优秀作品一同参评，已经是莫大的荣幸。《千里江山图》的故事发生在1933年的上海，那一年茅盾在上海出版了《子夜》，允许我借此向这位前辈作家表示敬意吧。上海是一座伟大的城市，我们有幸在这里生活、工作，本身就是一种犒赏了。

从酝酿、构思、采访、查阅资料再到动手写作，《千里江山图》的创作过程实际上也是全新的学习过程，不仅是对这段特殊历史的学习，也是对文学创作、小说写作的重新学习。书中故事所发生的那个年代，以及从那时延续下来的中国现当代文学传统，通过这次写作，我对它们都重新进行了回溯。从冯雪峰、巴金、夏衍、柯灵、罗洛到王安忆，这些与上海结缘的作家们，也都是在通过写作来回望历史。

我对上海的认识也因为写作而加深了。百余年来，这座城市中发生了各种事件，我所了解和采访到的那个年代的故事，远比我写出来的要丰富精彩得多。我想如果有机会，我会再一次讲述这些故事，它们一直在我心中回旋，让我难以忘怀、难以平静。

孙甘露·《千里江山图》

所以，不管是从具体作品的写作来讲，还是从一般意义上的写作来讲，我都一直有一种初学者的心态，这种心态促使我不断地去尝试和探索。对不同年龄、不同阶段的写作者来讲，这是非常有益处的。学习是伴随我们一生的，不管是广义的学习，还是关于小说写作技艺的学习，我们每天阅读和写作，就像一个乐手每天读谱和练习，这个过程实际上也伴随着对技艺的思考。这是每个写作者一生的功课。

《千里江山图》片段

门外间或有人路过，他们就停下交谈，像两个有些不耐烦的客人，一个掰着手指关节，发出咔咔的声音，另一个不停地把两条腿换着叠来叠去。

《千里江山图》第 61 页

"白区工作没法为同志建立档案。"老方觉得组织上派来的这位同志，目光锐利，考虑问题却有点教条繁琐，"这几年，国民党疯狂发展特务组织，地下工作稍有不慎，就会被敌人发现，各系统不断遭受损失，很多同志因为原先的工作条线被破坏，上下级关系失联。他们怀着极大的革命热情找到党，然后被安排到其他条线工作。按照纪律，在新的工作系统里，相互之间不应该提到过去。可是同志之间的忠诚和信任，才是大家开展工作的基础。"

《千里江山图》第 64 页

大年三十，上午。陈千里从澄衷中学边上拐入薛家浜路。小商贩沿墙摆了一路地摊，陈千里像个无事闲人，不时停下来望望看看。下海庙大门对面，茂海路口电线杆下一阵锣响，有人牵出一只猴子，在地上翻滚跳圈，不一会儿就围起了一堆人。他混入人群左突右挤，很快从人群另一边转了出来，把身后的"尾巴"甩脱了。

《千里江山图》第 110 页

进了玻璃转门，步入饭店大厅，脚踩着羊毛地毯，游天啸顿时有些自惭形秽。他穿过一条走廊，巨大的古铜色雕花吊灯高悬头顶，灯光照射着墙柱上金色的花纹，他觉得自己好像进了一个迷宫。走廊通向八角形内庭，拱顶玻璃的色彩变幻不定，游天啸目迷五色，他仰着头，发现向左一步，玻璃成了乳白色，向右一步则变成靛蓝，往前几步，同样一片玻璃却又闪耀着橙色光芒。

《千里江山图》第 124 页

房间里的空气凝固了。好几个人多年来与老方单线联系，早就习惯了老方给他们带来上级的指示，习惯了他温和坚忍的态度。这些天，虽然他们一直听不到上级的声音，但直到听到老方牺牲的消息，他们似乎才真正从心底产生了一种与组织失去联系的孤独感。

《千里江山图》第 137 页

很难说崔文泰心中没有一丝悔恨，尤其在他不得不表演一番之后。老方不仅是个上级领导，更如同一个兄长。他没想到老方会被枪杀。他还以为等事情结束后，自己也许可以劝劝他，让他也从"泥坑"里跳出来。那些天他一直在想对老方说什么可以让他回心转意。说说革命已经没有前途？他猜想可能没什么用。老方对他说过，地下工作就像黑暗中的一道光，为了向那道光亮奔过去，他敢往深渊里跳。

《千里江山图》第 139 页

马路上灯火通明，弄堂里家家户户也把所有灯都打开。只有同福里弄口过街楼下面，黑洞洞一段。有两个人躲在黑暗中，人家都在亮堂堂的地方，上供祭祖吃年夜饭，他们却缩在暗地里，寒风不停往衣服里钻。这两个人，一个靠在墙角抽烟，一个从口袋里摸出一把瓜子嗑着，嗑了一地瓜子壳，越发觉得饿了。

《千里江山图》第 144 页

他知道，此刻的情势，逼着他不得不去走一条钢丝，竭尽他所有的能力，去保持一种危险的平衡。同志们不得不在敌人的注视下完成任务，每个人都要装得像对身后的特务浑然不觉，同时保持高度敏锐，看准时机，在敌人神经松懈的瞬间，迅速采取行动。同时也要时刻警惕敌人狗急跳墙。

《千里江山图》第 149 页

雪停了，肇嘉浜对岸爆竹声渐渐响起，先是零星的声响，随后鞭炮声连成一片，有人开始点燃花炮，九龙弹、流星炮，在河面上空如花绽放，租界巡捕房严禁燃放这些花炮，可现在是过年，谁理他们呢？几个人站到门外，仰头看着对岸的天空。

《千里江山图》第 194 页

他不是普通信使，他是中央交通局高级别的机要交通员，像林石一样，交给他们的任务往往极其重要，却又极易出现意外情况，需要他们凭借经验和忠诚作出决定。

《千里江山图》第 203 页

再往后走凌汶却看见了夜空中的星星，那是一个露台，两侧砌着半人高的砖墙，夜里也不冷，空气甚至有些暖意，远处有狗叫声。她望着砖墙外面，周围的房子高低错落。有一幢四层楼房，在夜晚的雾气中显得如此单薄，几乎摇摇欲坠。这些房子山墙连着山墙，瓦顶连着瓦顶，野猫在屋脊上一闪而过。

凌汶心想，那天晚上龙冬是不是就像这只猫一样，往屋脊下一翻，从此不见踪影。国民党特务们找不到他，连她也找不到他。

《千里江山图》第 224 页

陈千里和梁士超没有坐到桌位上，但也没有急匆匆离开戏院。他们站在后排左侧一根柱子后面，朝戏台上看了一会儿。

戏台上的君王放肆地盯视着苏金定，她背过身，含羞解开蛮王进贡的红罗袄，满朝文武都解不开的难题，她给解了。

《千里江山图》第 258 页

他们去梅花山，正是早春二月，虬枝上开满梅花，山坡上像笼罩了粉色云雾。他们心心相印，觉得整个世界退却到远处，眼前只剩下梅树、蓝天和那张脸庞。他们满心喜悦，一起背诵着涅克拉索夫：他们说暴风雨即将来临，我不禁露出微笑。

《千里江山图》第 275 页

他长舒一口气，望向墓地上空，天色不知什么时候起了变化，浓云密布，像是要下雨了。他凝视着叶桃的墓碑，上面只是简单地刻着叶桃的名字和生卒年月，朴素如她在世时的面容。平静，令人信赖，视死如归。

从墓地到河边的那段路，叶启年完全不知道是怎么走过来的，他面无人色，浑身像被抽去了骨头。寒风席地而来，墓园中的落叶被卷至半空。

《千里江山图》第 333 页

"历史本身比小说更精彩，不需要我再去刻意为之"

——访第十一届茅盾文学奖获奖作家孙甘露

□ 罗建森

在更长的历史跨度中观察和理解中国

罗建森：《千里江山图》以牺牲在龙华的烈士们为主要人物，用文学的方式生动再现了 20 世纪 30 年代发生在上海的隐秘斗争，充满了厚重的历史感。您创作这部作品的缘起是什么？

孙甘露：创作《千里江山图》的缘起，主要有两个方面。一是正像《千里江山图》这个书名所表达的，我想以中国的宏阔历史为书写对象，创作一部反映中国近现代社会发展变迁的长篇小说，来记录国家社会方方面面发生的巨大变化，以及经历过的那些重要的历史时刻。这是我一直以来的一个愿望。二是在学习和了解中共党史的过程中，我看到了很多关于中共中央在上海这 12 年的历史资料。熟悉党史的人应该比较清楚，这是一段非常特殊的时期，充满了艰辛和困难。这段历史是我小说中故事发生的背景，也是我写作灵感的来源。当然，《千里江山图》所涉及的只是若干历史事件当中很少的一部分，历史本身所牵涉的面向要更加广泛，人物所经历的斗争也更加惊心动魄，实际情形要更为复杂。

另外在写作中，我也加深了对这一段历史的理解。创作这部小说的过程，既是进一步学习这段特殊历史的过程，也是在更大的历史背景下、在更长的历史跨度中来观察和理解中国的过程，我从中获益很多。

罗建森：从您出版上一部长篇小说《呼吸》至今，已经过去了整整30年。在这期间，您是否有过其他创作上的尝试？

孙甘露：从《呼吸》到《千里江山图》，这中间我也创作了一些其他作品，有的发表过一些片段，还有一些是保存在电脑里，没有完全定稿。中间发表出来的作品，更多的是一些读书笔记或者报纸杂志约写的随笔文章。但对小说的阅读、学习和写作，这些年来我一直没有停止过，也有一些其他题材、其他类型的小说，正在准备过程中。我想，小说的创作也是需要一定的契机的，等我考虑成熟了，再来把它们完成。

罗建森：以真实历史事件为背景的小说创作，往往需要大量前期的准备工作。为创作《千里江山图》，您做了哪些准备？

孙甘露：说到创作小说的准备，我想它应该包含两层意思。一方面是对小说发生背景的深入了解和研究，比如《千里江山图》所涉及的这一段特殊的历史时期，我需要了解它前前后后、方方面面的历史，去搜寻与它相关的历史文献，比如对当时社会生活、政治、经济、军事等方面的观察和记录。作家不能只就一个单一的题材，或者说只围绕某件事情本身去准备材料，而是要有意识地拓展范围，包括地理环境、生活习俗、文化传统等，这些都需要写作者提前做好充分的准备。

另外一方面，是写作者对自己多年生活经验和积累的信任与使用。它们对作家的文学创作也起到了重要的支撑作用，是作家创作灵感和文本细节的重要来源。就我个人的写作经历而言，这两者是不可偏废的。材料也好，经验也好，都应该为写作者所倚重。任何一部作品的创作可能都是这样的。

罗建森：小说的创作过程大概持续了多长时间？能否介绍一下您在创作时的具体情况，比如有什么写作习惯？

孙甘露：《千里江山图》的创作，实际写作时间大概是一年多，准备时间大概是两到三年，主要是在进行资料查阅和收集的工作。至于说写作习惯，我觉得也谈不上，就是写得比较顺的时候就多写一点，不顺的时候就停下来，再思考思考，并没有什么固定的习惯和方式。唯一的要求，就是希望写作环境能够安静一点，不要有其他事情来过多干扰。

唤起对家国命运最深切的感情

罗建森：小说开头对人物和场景的勾勒和叙述，如同摄像机镜头在不停切换，人物依次迅速登场、聚集，共同营造出一种紧张悬疑的气氛，疑云始终笼罩在读者心头，并随着叙事的推进逐步抽丝剥茧；与此同时，一幅复杂细致的上海日常图卷徐徐展开，调节和填补了叙事的空隙。在小说的结构、场景、叙事、语言层面，您有什么创作上的考量？是否借鉴了一些悬疑小说的写法？

孙甘露：《收获》杂志在刊发《千里江山图》的时候，同期刊登了毛尖老师的评论文章《一部小说的发生学——谈孙甘露长篇〈千里江山图〉》（《收获》长篇小说 2022 夏卷），这篇文章写得非常好，对你提出的问题有很详尽的阐释，对我小说中的人物、主题、细节、语言、词汇，等等，都做了很精到的分析。比如她写："孙甘露立地成佛般扔下了所有过往装备，所有过往的情和爱，他的新男主用截然不同的速度行走江山，逆流而上。这是'孙甘露小说史'里的新人，忧郁的先锋派小说诗人突然变成了动词的巨人。"再比如："这是陈千里陈千元董慧文们的上海，他们要守护这个城市的大街小巷，守护这个世界里的咸菜、什锦菜、狮子头，他们要跑在特务前面为这个世界遮风挡雨，他们对这个城市的爱，让他们毫不犹豫。如此最后，当他们用肉身写下的上海情书，缓缓呈现的时候，我们热泪盈眶……这是爱的最高形式。超克所有矛盾。缔造重量的最轻逸结构。"我很感谢她的评价。

　　毛尖在文章中举了很多希区柯克的例子，来和《千里江山图》作比。很多读者认为《千里江山图》是一部悬疑谍战小说，从叙事方式的角度来看，《千里江山图》与悬疑谍战小说或许有相通之处，但这并不是说，我是为了要写一部间谍小说，从而寻找了这么一个故事内核；更不能说我为了写间谍小说而去设计很多的"扣"，然后反复地解扣。真实的历史本身已经比小说更为精彩，不需要我再去刻意为之。

　　不过，就我个人而言，我觉得无论是纯文学还是类型文学，我们都可以从不同角度去加以阅读和分析，并且从中获益，得到启发。我读过不少悬疑、推理、谍战类型的小说，比如约翰·勒卡雷、格雷厄姆·格林、雷蒙德·钱德勒、阿加莎·克里斯蒂，等等，他们在用悬疑的方式构思和设计小说的时候，有很多非常精彩的、值得学习的技巧和方法。另外我觉得，通过一个案件、一个秘密，通过对外在表象的探寻，来逐渐深入本质、抽丝剥茧，这也是文学作品反映社会生活的一种方式，或者说是一个很好的切入角度。包括一些影视作品，它们的叙事都有值得我们学习借鉴的地方。类型文学写得好，同样可以成为非常高级的文学。

　　当然，在小说写作中，日常叙事和悬疑推理是同等重要的。在《千里江山图》中，我试图通过小说叙事，去回溯时代的风貌，通过街巷和饮食、视觉和味觉，唤起乡愁和城市的记忆，唤起对家国命运最深切的感情。旗帜飘扬，时钟嘀嗒，一切迫在眉睫，年轻的战士们义无反顾踏上了充满危险的旅程……故事发生的时代已经逐渐远去，那些隐姓埋名、出生入死的烈士，已经长眠地下。缅怀他们，记述他们的事迹，使其传之久远，这正是《千里江山图》要做的。江山千里，绵延不息，田野上、城市间劳作的普通人，擦拭汗水时，当心怀感念。

　　罗建森：可以谈谈您小说中的人物吗？《千里江山图》塑造了一系列个性鲜明的人物形象（陈千里、叶启年、易君年、叶桃、凌汶等），哪怕是稍为次要的人物（老方、卫达夫、梁士超等），也都各有令人印象深刻的记忆点。您在设计这些人物时有哪些考虑？

孙甘露：《千里江山图》是一部群像戏，涉及的人物比较多，因此人物的设计难度也会比较大，要想办法把他们区分开来，让每个人都展现出某种独特的形象、性格、气质。当然，这种设计是有主次之分的，即便是群像戏，也需要有比较主要的人物，来起到结构整个故事的作用，需要用他的视角来建立和完成叙事，所以我的精力更多放在设计主要人物上。但次要人物同样承担着非常重要的功能，我希望通过这一系列人物形象的塑造，通过发生在他们身上的故事，来反映更广泛的社会面貌和社会生活。

"我仍然是一个'先锋派'"

罗建森：尽管已经被各种媒体引用过多次，但我还是想再次重复王朔的这句话："孙甘露当然是最好的，他的书面语最精粹，他就像是上帝按着他的手在写，使我们对书面语重新抱有尊敬和敬畏。"有不少研究者认为，在先锋文学的写作者中，在语言和文体的实验中，您是走得最远的作家之一。先锋文学时期的写作，对您而言意味着什么？您怎么看待"先锋"这个词？

孙甘露：王朔在上世纪90年代，有过一些关于我的评论，我只能说他是过誉了，我实在不敢当。他的这段话，谈到了我在语言层面的探索，算是对我的某种观察。他说我的书面语"精粹"，这也是我在写作中一直追求的东西。这种对语言的追求和迷恋，可能也跟上世纪80年代的时代背景有关，因为在当时，所谓符号学研究和语言学转向等理论话题风靡一时，索绪尔和罗兰·巴特的一些理论，不仅在学术界引起热烈讨论，也对文坛产生了很大影响，它促使我们去重新认识语言问题，去认识写作这件事情。对写作者而言，我觉得这其实是一件好事，一个很好的机会，作家们开始对语言本身和文本结构更为关注，在写作技巧方面取得了很大的突破，推动了当代小说的革新。读者也好，作者也好，研究者也好，实际上都是在重新建立对语言的认识，去分析语言究竟是对社会的反映和描写，还是一个自足的结构系统，在更深的层面上来理解文学和语言的功能。

至于先锋文学，当时并没有谁提出一个纲领，要求大家非得这么写、这么做。关于先锋文学的种种，都是后来的研究者观察、描述、总结、归纳出来的，而不是若干写作者在一个共同纲领的要求下"制造"出的文学现象。当我们回返到历史现场，重新去追踪先锋文学的痕迹，会发现当时对它的评价也是很混乱的，先锋文学、实验文学、探索文学、现代派小说，诸如此类，各种各样的描述都有。有些人把这些作品列算在其中，有些人又把它们排除在外。先锋文学这个概念的形成，也是在逐渐发展变化的，是先有了这样一批具有先锋色彩的作家的写作，才逐渐形成了与之相关的归纳和描述。

罗建森：上世纪90年代后，苏童、余华、格非、叶兆言等一批先锋作家开始陆续转型，重新回到现实主义或古典文学的传统之中，但您并不在此列。《千里江山图》出版后，有人称它为"转型之作"，也有人说您"依旧先锋"，您怎么看待这些评价？

孙甘露："先锋派转型"本身只是学界的一种提法，我个人在写作的时候，并没有什么强烈的转型意识。说《千里江山图》是"转型之作"，暗含的意思是我好像是为了"转型"而写的这部作品，写了一部与我以往的所有创作都不同的小说，正如当年别人评价我早期的作品时说我"先锋"，好像我是为了当一个"先锋"才这样写作。其实都不是的。之所以在那个年代，采用那样一种先锋的笔法，仔细回想起来，其实就是对当时的时代、社会、精神生活做出一种叙述和回应。是我们对时代生活的各种思考，促成了我们选择这样一种写作方式。如果说我的写作确实发生了某种转变，那也是因为我在60岁前后，在思想上发生了一些变化，是这种变化改变了我的写作方式。但对精粹语言的追求，对人与时代精神交锋的观察和思考，我从来没有停止过，从这个意义上来讲，我仍然是一个"先锋派"。

作家写作的时候，不应该过多考虑这些事情，如果总考虑这些，那写作就无法进行下去了。写作固然有很多需要经过长期训练和思考来完善提升的部分，但也有不期而遇的部分。不是说我想好了，我要转型了，然后我就要写一部跟以前不一样的谍战小说，或者别的什么类型的作品。不是这样的。写作是一种朦朦胧胧的愿望，你并不是很清楚，最后看到的、得到的会是什么。正因为不是全然清楚，所以慢慢往前摸索才有意思。写作是一个缓慢寻找的过程。

用文学去温暖人、抚慰人

罗建森：在其他的访谈中，您曾经使用过"缓慢"一词来形容自己的状态，也有专门谈论这个词语的文章和著作。您怎么看待"缓慢"这个词呢？

孙甘露：我曾经在《比"缓慢"更缓慢》中写道："缓慢还是温和的、疲倦的、歉意的、沉思的，譬如聂鲁达的诗句：'南方是一匹马，正以露珠和缓慢的树木加冕。'"我喜欢"缓慢"这个词，我自己也是个速度缓慢的写作者，这是我自己的写作方式。我在寻找那种能够真正将文学语言的能量充分释放出来的方法和途径，这对我来说也是严峻的考验。

我的写作是对我闲散生活的记录，它们与争分夺秒的外部世界格格不入，形成了强烈的色彩反差。我希望读者在阅读我的作品时，也能够感受到这种缓慢，在这个飞速奔跑的影像时代的某个缝隙里，赋予自己一个掩卷沉思的形象。

罗建森：上海是您生活成长的故土，也是您小说和随笔主要的书写对象。当您在凝望和书写上海时，所怀抱的是怎样一种心情？

孙甘露：1949 年，我父亲随部队南下，来到了上海，我母亲也是在那个年代过来的。我出生在上海，一直在这里生活，对上海有非常感性、直观的了解和认识。书中写到的很多地点，对我来说都太熟悉了，比如主角陈千里的弟弟陈千元的住址，就来自我当年读书经过的路线。

上海是所有人的上海，每个人在凝视它、叙述它时，都会有自己的角度。我一直在打一个比方——上海就像是你的爱人，她有一个大家都知道的名字，大家都用这个名字称呼她，但她也有一个只有你才知道、才会使用的名字。作家的写作也是这样，从个人角度出发，满载着个人情感，你不可能跳出你自己，变成另外的人。当我描述上海时，我是在讲述我的生活经验，在呈现我所理解的上海，这样我才能找到和拥有那个特殊的名字。

我想这个比喻，不仅适用于上海，也适用于所有关于故乡的书写。每个人对故乡、对他出生和成长的地方都会充满感情，不管故乡是在乡村还是在城市，当我们提到它、想到它时，都会有很多难忘的生活记忆随之涌现，或快乐，或悲伤，永远在我们的血液里流淌，成为我们生命的一部分。

上海不是一个抽象、死板的地方，它有着非常丰富的历史文化内涵，有各种不同的地理环境和区域，同时汇聚了不同的人群和社会阶层。这实际上给写作带来了多种可能性。

罗建森：近些年您活跃在上海文化界，参加各种文学活动，并担任了上海国际文学周和思南读书会的总策划。为什么会选择承担这些工作？

孙甘露：这些工作对我来说，其实都是很日常的事情。包括我参加的其他一些文学活动，它们都与阅读、与写作息息相关，我愿意去做一些这方面的工作。这些工作大部分都是公益性的，我在上海出生、成长、生活、工作，应当要为它尽一点绵薄之力。思南读书会今年已经进行到第9年，持续了400多期，在上海的文学爱好者中形成了很广泛的影响。我希望能有更多的读者朋友来参加文学活动，来和作者交流、和其他文学爱好者交流，彼此之间发生联结，每个人都有可能从中获得新的启示。人们在漆黑的地方看到航灯时，会觉得安心，它有指示航道和抚慰人心的作用；或者走夜路，在山野看到远处有灯光、有人家，心里就安定了。我觉得读书会也应该起到这种作用，去温暖人、抚慰人。

罗建森：您既是《萌芽》杂志社的社长，又是《思南文学选刊》杂志社的社长、主编，对于当代文学现场特别是青年写作应该是非常熟悉的。在您看来，当下的青年写作整体呈现出一种什么样的面貌？是否可以给青年写作者几点建议？

孙甘露： 今天这个时代，跟我们那个时候相比，变化确实很大。现在年轻一代的写作者，劲头都很足，许多"90后"甚至"00后"的写作者都有很不错的表现。他们的写作内容，对文学、对社会、对时代的认识和思考，以及在文体上所做的一些试验，都是丰富多彩的。他们的未来非常值得期待，还有很大的发展空间，我也希望能够看到这些青年作者写出更多不一样的新东西，展现出更多新的视角、新的观念，给社会和读者带来更深的触动。

采访手记

2023年8月的上海书展上，我第一次见到了孙甘露本人。身着白色长袖衬衫和卡其色长裤的他，冒雨从门外走来，儒雅、稳重，带有一丝"老派"的气息。彼时距离《千里江山图》获得茅盾文学奖，过去还不足10天，在这场第一次面向公众读者举行的作品见面会上，孙甘露显得略有些腼腆。"上海是一座了不起的城市，我们有幸见证这里的生活，本身就是一种犒赏。"几百人的会场座无虚席，几乎每个人都带着一本《千里江山图》，等待活动结束后的签名环节。

对上海人而言，孙甘露的身份可能已经远非"作家"两字所能概括，文学于他而言就是日常生活。由他策划发起的思南读书会，在上海乃至全国的文学爱好者中都享有盛名。相对地，作为小说家的孙甘露形象，似乎正在逐渐模糊。

曾经，孙甘露被称为在先锋试验中走得最远的人，20世纪80年代的《访问梦境》《我是少年酒坛子》《信使之函》等作品，让他跻身"先锋文学作家"之列，引起文学界的热烈讨论。"如果，谁在此刻推开我的门，就能看到我的窗户打开着。我趴在窗前。此刻，我为晚霞所勾勒的剪影是不能以幽默的态度对待的。"即便是在余华写出《在细雨中呼喊》《活着》、苏童写出《我的帝王生涯》《米》的时候，孙甘露依然冲锋在前，写出了《忆秦娥》和《呼吸》。孙甘露的坚守一度也引发了一些质疑。

在长篇小说《呼吸》出版后的几十年间，孙甘露暂缓了小说创作，将重心转移到了诗歌和随笔上，在更日常、更闲适的文字中，展现精神生活的点点滴滴。有不甘心的读者，努力从这些文字中寻找有关"先锋"的蛛丝马迹；也有另外一些读者，毫不掩饰地表达了自己对这些"流水"的喜爱。关于他小说创作的讨论，似乎热闹不再。

直到《千里江山图》问世。对于这个早已在朋友之间流传的书名，大家曾经浮想联翩，猜想各种风格和内容，但成品显然超出了所有人的想象。《千里江山图》褪去了孙甘露旧时创作中的实验色彩，小说以1933年的上海为背景，用文学的方式，打捞和记述隐秘而伟大的历史事件，在纵横交错的叙事中，想象和呈现着历史发生的过程。

没有研究者能够分析出转向发生的原因，一切问题只能向作家本人寻求答案。面对读者和媒体的不断追问，孙甘露显得更为低调，关于这部作品，他不希望谈论太多，就像一场魔术表演，如果看到太多幕后的把戏，观众只会索然无味。尽管如此，我们还是抱着试图从只言片语中一窥堂奥的想法，尽力完成了这次专访。关于先锋，关于转型，关于故乡，也关于生活。

信使如期抵达

□ 李伟长

很早就知道孙甘露老师有这样的创作计划，书名早就有了，叫《千里江山图》，要写一部与革命、与青年、与英雄相关的长篇小说。

太过好奇，以至于这份好奇演变成了对孙甘露老师时不时的追问："写到哪儿了？"问得多了，孙老师就笑。以至于有段时间，我都心生恍惚，吃不准孙老师是不是真的在写，是不是真的"快了"，不会真是一封比"缓慢"更缓慢的信使之函吧！然而，并没有等待很久，这部长篇小说来得比想象中要快也要利落。信使如期抵达，这的确是等待的意义。

孙老师先给我们发来了半部书稿，说编辑们先看起来，下半部他再过一遍文字就发来。我和另一个责任编辑江晔连夜开始读。一读小说，感觉奇妙异常，激动难捺。没过几天，孙老师发来了下半部。很快读完，就豁然开朗，感觉再没有一个书名比"千里江山图"这五个字更适合这部小说了。

这部小说不同于孙甘露之前所有的创作形式，它又如此举重若轻，在厚重的历史本事之外，虚构了轻盈而迅捷的空间，被折叠的叙述时间和被妥帖安放的英雄人物，闯进了我的脑海。这是一封情书，一封写给80年前那些风华正茂的人物的信，一封写给上海这座城市的情书，当然最终这是一部不提"信仰"二字却时时充盈着信仰的小说。在编辑这部书的过程中，我时常想起钱锺书先生的一句话——"从飞沙、麦浪、波纹里看出了风的姿态"。《千里江山图》里头就有飞沙，有麦浪，有波纹，自然也有风的姿态。

编书的过程，是编辑学习的过程，也是在小说家的指引下把小说读得更明白的过程。编辑有不理解的地方，就要去问作者，孙老师就得"自证"，或是发来一张图片、一段文字、一则材料，等等。这个过程很迷人，随便问，问不倒，作者准备得很充分。孙老师的每一次耐心的"自证"，于我们编辑都是难得的学习机会。

2022年三四月间，历经多次线上会议，一次又一次地拍照编校核对，孙老师一回又一回地反复确认，这部书终于在山东一家印刷厂下印了，紧接着新书上市了。直到6月份，我们才看到了样书，忐忑的心才得以安稳。好在许多外地提前看到书的朋友告诉我们："书印得很漂亮，我们先替你们看过了。"用孙老师的话说，《千里江山图》是一部行动的书，是一部关于理想的书，带来四面八方的消息。我们这次的编辑过程也是一次行动，一次默契的全体出版社同事参与的行动。

我无数次想象过这本书的未来，但只要想到书中所写到的选择以及选择背后的历史真实，就从不曾犹豫过，它自身的力量、丰富的意蕴和饱满的情感张力都会被读者感知到。事实也证明了这一点，出版之后，好消息每一天都从四面八方传来，同行的、评论家的，以及来自众多读者的"检阅"意见，从第一次印刷到一次次加印，从一篇篇评论长文到读者的短评，编辑的幸福感和成就感一次次被激起。

经由《千里江山图》的编辑之旅，我们就在这部小说生长的现场，看着小说之楼慢慢搭建完成，风的姿态得以出现。从长篇小说《呼吸》到《千里江山图》，相隔近30年，孙甘露老师所致力的写作事业没有发生本质变化，那就是为不同的小说寻找到合适的叙事方式。编辑本质上是一个服务行业。认真作嫁衣就是编辑的职责。所有的好消息对编辑来说都是可遇而不可求的奖赏。有机会能遇见好的作者，能编到一本好书，是入这一行当的运气。在编辑中得以成长，这就是理想的编辑生活。

（作者系上海文艺出版社副社长、《千里江山图》责任编辑之一）

孙甘露·《千里江山图》

《千里江山图》读者热评

@**汤展望**：在读《千里江山图》之前，我对孙甘露的认知还停留在《访问梦境》先锋文学那里，谁能想到他有一天讲述了一个麦家式的谍战故事。龙华烈士的题材不算新，谍战题材写作者中也有麦家这样的优秀作家，至于上海的市井文化，《繁花》也已珠玉在前。但我们不能忽略的一点是，孙甘露是"小说诗人"，虽然这本书的文字简练、干净，动词频出，描述性的文字有所减少，但角角落落里藏匿着的仍是诗意的语言，是这些语言勾勒出了这群有理想的年轻人。他们是叶桃、陈千里，是守卫千里江山的龙华烈士们，吟诵着"他们说暴风雨即将来临，我不禁露出微笑"，大步向前。

@**简亦**：如果不看作者名，谁也想不到，这部谍战小说是出自孙甘露之手。连夜读完，酣畅淋漓。对人物的塑造、对叙事节奏的把握、明线暗线的交替叙述，很有画面感。书中每个角色都丰富了小说对所谓"理想"的阐述，不只限于陈千里和叶启年。例如那个为了让楼下开会的同志逃离，不惜通过跳楼来报信的无名地下党员，以及假意投敌、与敌人玩套路的卫达夫，还有最后本可以逃生但为了把戏演足而留在现场的梁士超，他们用在外人看来不可思议（甚至荒唐）的实际行动捍卫了内心深处的信念。正如文末无名烈士的信中说："我们并不指望在另一个世界重聚，我们挚爱的只有我们曾经所在的地方，即使将来没有人记得我们，这也是我们唯一愿意为之付出一切的地方。"

@墨涅涅:《千里江山图》最初吸引我的，是这个书名伏脉千里的磅礴气势。当我知道是《呼吸》的作者孙甘露的最新力作时，我毫不犹豫买了下来并一口气读完。陈千里隐藏在宋画里的暗语，遥指一泻千里的黄浦江畔的摩登之都。这个发生在开一代风气之先的上海、发生在20世纪30年代的敌特故事，具备扎实的史料储备、细密的历史考证、厚实的文字功底与丰富的视听表达。尤其是小说文本中的电影化手法，变幻莫测，令人目不暇接。这是一个关于牺牲与信仰的故事，一群抱定革命理想的年轻人，为了更长远的使命与责任，毫无畏惧地燃尽了自己的生命。陈千里的"千里江山"，何尝不是我们所有人的"千里江山"？生逢乱世，勇义者绝不苟且偷安。尽管在这场大型生死棋局中，幸免者亦为少数，但他们的光辉将指引后来者前仆后继，继续擘画新时代的千里江山图。

@寂寞的潜水艇：孙甘露其实仍是一个"先锋"的小说家，他只是把语言游戏的迷宫转换成了谍中谍式的、错综复杂的迷局故事。不同于一般类型的谍战，小说只讲了一件事，就是浩瀚同志的转移，孙甘露把时间不断拉长，平行式叙述不同角色，赋予凌汶、叶桃、易君年、老万、崔文泰、陈千里等人闪耀的光辉与伤感的色彩。精练的语言，收放自如的描写，戛然而止的定格，让故事的一幕幕在读者心中难以忘怀。

@薛宝钗的冷香丸:《千里江山图》以20世纪30年代风声鹤唳的上海为背景，十里洋场表面的繁华下，另一番"黑云压城城欲摧"的敌我殊

孙甘露·《千里江山图》

死斗争正在如火如荼地上演。小说以北宋传世名画《千里江山图》命名，它既是被组织委以重任的陈千里与同志之间的接头暗语，也寓意着一个一旦启动便无法撤销的计划。"千里江山图计划"真正的目标在于实现中央机关的战略大转移，毫无疑问，转移的过程必须是安全且行之有效的。问题在于，理想总是完美的，现实却是骨感的。在这个过程中，我们看到了人性良善的一面，也看到了罪恶的一面……读罢全书，我们不仅感动于伟大先烈们在白色恐怖时期为革命事业作出的牺牲和贡献，同时，人性中罪恶的一面也为我们敲响了警钟。21世纪的今天，如果还有什么值得人类去珍惜、去思考，我想那一定是来之不易的和平。

@萨鲁曼：出乎意料的是，昔日的先锋小说家孙甘露，竟然如此会讲故事。小说开场就是数条线并进，电影感极强，刚劲处利落干脆，浪漫处缠绵动人。孙甘露的文字真好啊，那最后的一封信值得读出声来分享。这正印证了一句话：题材无新旧，就看谁来写。当孙甘露俯身开始讲故事，的确有一种"轻舟已过万重山"的感觉。

（评论由《文艺报》选自网络平台）

《千里江山图》：融入革命者身姿和灵魂的千里江山

□ 贺绍俊

　　《千里江山图》是宋代画家王希孟的一幅青绿山水画卷，被誉为中国十大传世名画之一，它的真迹珍藏在北京故宫博物院。当孙甘露决定写一部反映革命年代中共地下党艰苦斗争的小说时，想到要以"千里江山图"作为小说的名字，一定是从这幅古代名画中找到了与他所要讲述的革命故事之间精神上的共通性。于是，孙甘露在小说中绘就了一幅关于革命历史的《千里江山图》。

　　小说将我们拉到了八九十年前的大革命时期，1933年初的大上海。往前推十多年，中国共产党在这里诞生，并以上海为中心，将革命的火种引向大江南北，但此刻的上海却是春寒料峭，中国共产党领导的工农革命处于低潮，革命的重心逐渐从大城市向南方农村转移——这也是中国革命的一次重大战略转移。《千里江山图》讲述的故事便与这次重大战略转移有关。孙甘露只是讲述了其中的一次秘密行动，但这次秘密行动是如此惊心动魄！在小说中，孙甘露并不是孤立地写一次秘密行动，而是将这次秘密行动作为共产党的重大战略转移的缩影来写，非常准确地抓住了这次战略转移的历史关键词：绝境。这是革命被逼上绝境的一次战略转移。小说一开始就把秘密行动推到了一个几乎无可挽救的绝境上：中央特派员老K来到上海，要组成一个小组执行中央的特别任务。十几个人被召集到图书馆一间隐秘的房间里来开会，他们相互之间多半不认识。然而，就在这十几个人里竟有两人是国民党安插的内奸，如果不是一名潜伏在敌人内部的地下党人以生命阻止了会议的召开，中央的特别任务就轻而易举地被国民党掌握了，后果不堪设想。接下来，小说更把绝境推到了极端，这些来参加会议的地下党成员全部被关进了国民党监狱，但很快他们又被放出来了，狡猾的敌人想将他们作为"诱饵"钓到共产党的高层领导。就是在这样的严峻形势下，陈千里受命前赴上海，协助完成党的特别任务。因为他将要联系的同志全都被敌人暗暗监视着，其中还隐藏着敌人的内奸，他刚从船上下来，准备和上海地下党成员接头时，就被埋伏在四周的数十条枪瞄准了——这就如同将他置于百丈悬崖的绝境前。陈千里纵有三头六臂，恐怕也不能将这些已被敌人严密控制的同志组织起来，并完成一项特别的任务吧？我就是怀着一种忐忑的心情往下阅读的。当然，最终陈千里带领大家出色地完成了任务，真是水到绝境是飞瀑，无论多么可怕的绝境，也阻止不了一个革命者勇往直前的决心。

　　然而孙甘露并不是在讲一个传奇，更不是在编织一个神话。他是鲁迅先生所期许的"在高的意义上的写实主义者"，一方面，他以非常生活化的场景，真实呈现了陈千里及同志们所面临的危险和困境，同时，通过缜密的分析和准确的叙述，他令人信服地描写了革命者们是如何以自己的机智和勇气与敌人周旋，从而克服了一个又一个难题的。这一过程环环相扣，急促的节奏令读者都没有喘息的机会。我是一口气读下来的，既为革命者的生命危险而担忧，又为他们挫败敌人阴谋的机智而喝彩。孙甘露出色的小说叙述能力再一次得到淋漓尽致的发挥，但这一次他收敛起自己的精神想象力，就像一名地质勘探员或历史记录者，特别在意叙述对于客观真实的还原度，这不就是"在高的意义上的写实主义者"应有的姿态吗？

因此，孙甘露以极其冷静客观的写实性文字，讲述了一个惊险曲折、危机四伏的故事，其真实感和历史感，会让你觉得这一定是历史上的一段真实存在。当然，这只是孙甘露作为一位"在高的意义上的写实主义者"所表现出的一个方面。另一方面，孙甘露并未止步于真实呈现一个闯出绝境的故事，而是要进一步探询革命的本质和革命者的灵魂。他所讲述的故事发人深省，十来位忠诚的革命者在白色恐怖的上海，尽管所有的行动都处在敌人高度监视的状态下，尽管身边还暗藏着潜伏的内奸，但他们竟然圆满完成了任务，这真是一个奇迹！这是革命创造的奇迹，是革命激活了人民内心沉睡的火山从而喷发出岩浆。这也就是革命的本质。孙甘露特意写下了一段列宁的话，这段话来自陈千里的弟弟陈千元正在翻译的《远方来信》。陈千元被关进国民党的牢狱里时，他回想起了这段话："奇迹在自然界和历史上都是没有的，但是历史上任何一次急剧的转变，包括任何一次革命在内，都会提供如此丰富的内容，都会使斗争形式的配合和斗争双方力量的对比，出现如此令人料想不到的特殊情况，以致在一般人看来，许多事情都是奇迹。"列宁的话解释了奇迹与革命的关系，他认为，在人们惊异于发生了奇迹的时候，对于革命者而言，这不过是革命应有的内容而已。列宁的话其实是表明了，革命的每一天都是在创造奇迹，革命者对此习以为常，革命者并不将此当成奇迹，是因为这一切都是合乎历史逻辑而发生的。孙甘露看来是要以列宁的这段话作为这部小说的注脚。小说中的十几位革命者共同完成了一桩在常人看来几乎无法完成的秘密任务，今天的读者一定会惊叹这真是伟大的奇迹，但对于革命者而言，这就是他们进行革命的常态。他们中的很多人为此付出了生命，令人肃然起敬。他们来自不同家庭，干着不同的工作，但用上海地下党负责人方卫平的话说，他们都有一个共同点："他们愿意为党的事业牺牲一切。"孙甘露非常集中地表现了他们的这一共同点，从这里能够窥视到他们的灵魂。

　　信念，是照亮革命者灵魂的灯盏。《千里江山图》也是一部关于信念的试金石。真正的革命者是有着坚定信念的，为了信念他们甚至牺牲了性

孙甘露·《千里江山图》

命。他们参与的斗争是残酷的，他们的牺牲也是惨烈的，而他们对于革命信念的坚定和忠诚更是感天动地的。信念，是革命题材文学作品共同的主题，当然也是《千里江山图》的重要主题。但孙甘露在这部小说中不仅书写了革命者的信念，还将信念置于一个严峻的对比中进行拷问。这种对比是通过国民党特工总部副主任叶启年展开的。若说信念，叶启年也是一个有强烈信念的人。他曾是一名大学教授，在火热的、革命的20世纪20年代，他也像众多知识分子一样，为中国的前途而寻求新的理论，他信奉无政府主义，推广世界语，他的住所成为人们秘密讨论的场所，陈千里当年就是他的学生。但在国共两党开始合作时，他不认同共产主义可以救中国的看法，不信任共产党，从此他参加了国民党的特工活动，发誓要与共产党作对到底。他醉心于自己的特工职业，认为投身这一职业就可以始终踩在历史制高点上，因此他得意地称自己是"心怀天下"。这就是叶启年的信念。为了这一信念，他可以奔走于上海与广州两地，都无暇顾及自己心爱的女儿。在信念上，与叶启年形成鲜明对比的是陈千里。陈千里曾经是叶启年最看重的学生，叶启年还想将他培养成国民党的特工人员。但是，就在陈千里沉浸在叶启年的宣讲中时，叶桃出现在他的眼前。叶桃是叶启年的女儿，但已经加入中国共产党的她成了陈千里的引路人，她告诉陈千里，她父亲的虚无主义背后，躲着一个投机分子、野心家。陈千里开始与自己的老师分道扬镳，他从《共产主义ABC》《远方来信》等书籍上面获取了自己应该坚守的信念。

信念是情感、认知和意志的有机统一体，陈千里和叶启年各自不同的信念，是对中国命运和中国道路的截然不同的认知，这就决定了他们对这个世界怀有不同的情感。叶启年从阴谋论出发看待中国的命运，因此他面对世界是冷漠的，他的内心是阴郁和诡异的。陈千里则是胸襟坦荡、爱憎分明，他处事相当成熟、冷静，但内心充满着火热的激情，这在很大程度上缘于他对普通民众抱有极大的同情和爱意，他认定了自己的事业是为全体人民求解放的事业。两人的不同信念也决定了他们对叶桃的不同态度。

叶桃是叶启年的女儿，也唯有在女儿身上，叶启年还留存了一点爱。但这一点爱却与他冷漠、阴郁的内心难以兼容，失去女儿后，他只有悄悄购买一处小桃源，种上十余株桃树，让他对女儿的爱不要消失殆尽。总之，他对女儿的爱与他在信念上的偏执是分裂的。与叶启年相反，陈千里对叶桃的爱则光明磊落、如火如荼。他们俩既是心心相印的恋人，又是志同道合的战友，也就是说，他们的爱情是信念之树结出的硕果。这一点对陈千里来说尤其重要，因为是叶桃为他指明了方向，"让他了解了一个人应该投身于什么样的事业，才会让人生变得更有意义"。小说不仅写了陈千里与叶桃的爱情，还写了陈千元与董慧文的爱情、凌汶与龙冬的爱情。在一个紧张危险、争分夺秒、斗智斗勇的秘密行动中，加入这么多革命者爱情的书写，这绝不是为了给故事增加一些调剂色，而是为了更深入地揭示革命者的灵魂，爱情是他们信念里最圣洁的情感。

鲁迅先生说："将这灵魂显示于人的，是'在高的意义上的写实主义者'。"孙甘露完全做到了鲁迅先生的期许。他是以写实的手法绘就了一幅革命历史的《千里江山图》。作者的寓意也是很明显的，没有当年在绝境中的战略转移，哪有后来革命成功，打下千里江山？小说写到党中央将这次秘密行动命名为"千里江山图计划"，陈千里来上海与地下党接头的暗语里有两句是："你打开窗朝外面看。""说得是，这些人就是江山。"的确如此，在孙甘露绘就的《千里江山图》里，融入了革命者的身姿和灵魂，融入了革命史的一路风雨。

《千里江山图》：先锋与革命的"信使之函"

□ 李音

小说《千里江山图》故事来源于中共党史真实的历史事件，1931 年中国共产党在上海的秘密机关遭到国民党当局的严重破坏，"中央有关领导必须从上海撤离，转移到瑞金，转移到更广阔的天地里去"，一项代号为"千里江山图"的绝密地下行动由此展开。忠诚与背叛、潜伏与行动、计谋与意外、搏斗与杀戮、审讯与酷刑，阴谋与爱情，小说简洁精巧，节奏迅捷，谍战元素应有尽有。

关于"千里江山图"，敌人不知道该计划的内容和目的，同志彼此不知道具体步骤，作为读者，我们只需要跟随陈千里他们在上海出没狂奔、斗智斗勇，紧张着他们的紧张，哀恸着他们的哀恸。这是一个邮差小分队，每个人的任务都是准时传送出在自己这一环节的情报信息，以达到在最安全的时间、以最隐蔽的渠道将一个人邮寄出上海。他们将信写成密函，放在信箱、影院座椅，登载报纸、广告，贴在电线杆上，夹在旗袍、食盒里进行传递……你能想到的和不能想到的手段都用上了——除了信鸽。因为陈千里比信鸽还了解上海，比信鸽还准确。

孙甘露生在上海，长在上海。成为作家之前的孙甘露是邮递员。当他了解到 20 世纪 30 年代初这项非常秘密的转移行动时，本能反应，"从上海到瑞金的直线距离，大概就 1000 多里地。但在当时是不能这样走的，它必须绕到香港，从上海、广东汕头再回来。历史上的交通线是这样的，这样走的话就是 3000 里地"。这是党史的一段至暗时刻。这也是先锋派作家孙甘露的艰难时刻。对他来说，这表面上是一部谍战小说，但实际上意味着去追溯一段上海历史，同时还意味着作为解放者的后代，怎样去描画上一代的身影："准备这部小说的日子里，我时常想到荷马，想到他的返乡之路和史诗……也会想到戏剧《哥本哈根》，想到历史上那些隐秘的时刻，人们怎样置身于几乎无法克服的黑暗之中。时常也会想到莎翁，那种认为讲述别人的故事才能更好地传达自己的意图的方法……想到那些烈士如何看待百年以后有人尝试在上海的街道上重塑他们的身姿。"

于是，先锋作家孙甘露，在讲述原本是"别人的故事"的时候，同样让这段路绕行了 3000 里。谍战接头暗语不再仅限于情报密函，而是提升到细微的气质把握、人的认知地图和精神鉴定。革命青年和具有革命潜力的读者不仅要知道浙江大戏院贴着《海外鹃魂》海报，大光明大戏院挂着玛琳·黛德丽大头像，内山书店、水沫书店、辛垦书店是鲁迅、冯雪峰、陈赓去过的，戾虹园是孙中山到过的，女师大这所学校意味着什么，还需要熟读小说《二月》，了解 19 世纪俄国革命民主主义诗人涅克拉索夫的诗句——"他们说暴风雨即将来临，我不禁露出微笑"背后的爱情故事，辨认出说"一个人在二十岁不参加革命，到五十岁就会变成老傻瓜"的是当时访问上海的英国剧作家萧伯纳……这是革命的暗语，也是文学的暗语。

但这些仍达不到一种革命的终极辨识——一种信使的狂喜。小说中作为叶桃二号来塑造的人物"董慧文"在执行组织任务时，也是爱上陈千元的时候，"她的心情都很轻快，像信鸽从天上飞越大街小巷"。其实这个邮差小分队所有送出去的信都可以浓缩为一封，那就是小说结尾附上的"一封没有署名的信（龙华牺牲烈士的遗物）"。所有那些密信都为了一封并非秘密的情书，"可以写在云上，或者写在水上，世间任何人都可以看到，

孙甘露·《千里江山图》

但那只是写给你的"。

这一典型的先锋派文学篇章，是先锋派孙甘露写给革命、历史、现实的一封信，是先锋派写给自己的一封信。1987年，孙甘露有一部作品叫《信使之函》，寓言了《千里江山图》的这场始于意外的写作，也可以看作是这场文学事件的暗语密码本。"有时候，我仿佛在暗夜中看见了我自己。看见我在望着你，在这个世界上，任何地方，一直望着你，望着夜空中那幸福迷人的星辰。"

东西·《回响》

出 版 社：人民文学出版社

出版时间：2021 年 6 月

责任编辑：刘　稚

东西的《回响》，以富于认识和表现能力的艺术形式，探索当代城市生活的精神状况。在社会与家庭双线并进的结构中，抽丝剥茧，洞幽烛微，呈露和整理人心与人性的复杂缠绕。现实与心理、幻觉与真相、困顿与救赎，冲突的对话构成灵魂的戏剧，有力地求证和确认我们生活的基石：真实、理解、爱和正义。 有鉴于此，授予《回响》第十一届茅盾文学奖。

一根筋就是写作的执念

□ 东西

很高兴获得茅盾文学奖，30多年的写作经历，让我明白一个道理，那就是除了坚持还是坚持。每次写长篇小说到最后，拼的都是毅力。我想这次获奖是对我"坚持"及"毅力"的肯定。

1998年，我的中篇小说《没有语言的生活》获首届鲁迅文学奖，当时还年轻，觉得自己可以写出更多更好的作品。一晃25年过去，才发现突破自己并不容易，而要获文学大奖何其难也。是的，写作并不是为了获奖，但获奖对写作一定有帮助，尤其是对像我这样一根筋的作者。

一根筋就是写作的执念。从决定吃写作这碗饭开始，我就常常提醒自己：你写的作品有意思吗？它是别的作品的重复吗？拜托，别只讲故事，能不能有点新意？这些问号一直伴随着我，一直伴随我在键盘上敲击完《回响》的最后一个字。不信你可以试着读几页，真的和我过去的长篇小说不太一样，与别人的写作也不太一样。我借用了推理小说的壳，写了人物敏感复杂的内心甚至潜意识。人物的对话已经停止，但他们的心理活动却像Wi-Fi那样相互干扰并默默对话。我毫不犹豫地向人物内心深处写，在心灵里寻找折射后的、加工过的、变形的现实，寻找它们何以变形、何以被加工、何以被折射的原因，相信每个人对现实的加工就是他们的人生态度甚至人生哲学。

这样的试探让我兴奋，让我想起上世纪八九十年代的阅读与写作。那时我们喜欢阅读有难度的文学作品，喜欢为那些哪怕贡献一点点新意的小说击掌。正因为拥有那样的经历，才有了《回响》对那些文学观念的呼应。

《回响》片段

安静了几分钟，刑侦大队的座机便断断续续地响起来，时而像遥远的自行车的铃铛声，时而像近在耳畔的手机闹铃，有时急促有时缓慢，一会儿让人身心收缩，一会儿又让人浑浑噩噩，总之，除了嘈杂都没响出什么名堂，它们像一根根慌乱的手指戳着她的脑门。

《回响》第 2 页

几天前，他们曾听旁人说过江边出现浮尸，甚至为无辜的生命叹过长气，但万万没想到他们为之叹息的那个人竟然是自己的女儿。这很残酷，分明是在为自己叹息却以为是在叹息别人，明明是在悲伤自己却还以为是在悲伤别人，好像看见危险已从头顶掠过，不料几天后又飞回来砸到自己头上。

《回响》第 4 页

再往下问，他们又摇头了，好像他们只懂得这个动作。他们生活在她的虚构中，凡是发生在北京的他们说得头头是道，凡是发生在本市的他们基本蒙圈。他们似乎患了心理远视症。心理远视就是现实盲视，他们再次证明越亲的人其实越不知道，就像鼻子不知道眼睛，眼睛不知道睫毛。

《回响》第 7 页

有一种女人越哭越娇艳，她就属于这种。她哭得像一朵正在被摧残的鲜花，哭得好像鲜花插在了牛粪上，哭得整个包间都弥漫着美妙的气息。

《回响》第 12 页

他沉默，她也沉默，他闭目养神，她也闭目养神，反正他做什么她就跟着做什么。一开始她的动作较为隐蔽，渐渐地被他觉察。他不知道她为什么要模仿自己，简直像个小丑，但他马上怀疑小丑是不是也包括自己？因为他讨厌她的所有动作都是她跟他学的。她竟然把自己变成了他的镜子。

《回响》第 15 页

没有出现想象中的惊讶，她比刚才似乎还冷静，脸上没有风吹草动，身上没有肢体语言，仿佛在听别人的故事。

《回响》第 18 页

她爱家庭，连买一个红酒杯一张枕巾哪怕一双筷条都像挑丈夫那么严格，每逢节假日下厨做菜，家里美食不断，鲜花不断，音乐不断，以及嘎嘎嘎的笑声不断。她爱孩子，老大上幼儿园她亲自接送，孩子们的吃喝拉撒也都"亲自"。两间小卧室里，凡有棱角的地方都包上了海绵，生怕他们被磕痛磕伤。

《回响》第 20 页

她本想对他使用询问技巧，可她担心如果使用，他极有可能会因为紧张而撒谎。人一旦撒了谎就像跟银行贷款还利息，必须不停地贷下去资金链才不至于断。

《回响》第 35 页

还能说什么？他已气得无话可说，心里竟然涌起一股鲁迅式的悲哀，好像天底下竟然没有说理的地方。为表示自己心里没鬼，他率先打起了呼噜。她知道他没睡着，他知道她知道他没睡着，她知道他知道她知道他没睡着，但他还是假装睡着。这一夜两人都翻来覆去。他不高兴她调查他。她不高兴他骗她。

《回响》第 36 页

他们呆坐着，只有看动画片的唤雨不时发出咯咯咯的笑声，使室内的气氛显得更加肃穆。表面上他们都无话可说，实质上各自心里都挤满了争先恐后的语言，却都不知道该说哪一句，或者都知道这个时候不说才是最好的说。两人都看着窗帘，都发现窗帘的右下角有一块水渍，天花板上也有水渍，左上角有一个小小的蜘蛛网，就在窗帘上方十厘米远的地方。虽然他们没有语言交流，但目光所及却惊人的一致，不知道是他带着她看还是她带着他看。她天天在这里上班，却从来没时间如此仔细地观察过这个房间。透过门框，他们看向停车场，那里停着三辆警车以及她的车和他的车。他们一致看着门外却不看彼此，但彼此都能感知对方的一举一动。十分钟，二十分钟，三十分钟……他们不觉得时间漫长，好像这么无声地坐着才是生活常态。茶杯和水壶就在他们面前的茶几上，她不为他倒水，他自己也不倒，仿佛谁动一动就会打破此刻的平衡。

《回响》第 38 页

她再也不敢往下想，叭的一声把灯关上。他说为什么害怕灯光？叭地又把灯打开。她知道自己怕什么的人就喜欢说别人怕什么，心虚者往往拿弱点当武器。但她没有说破，定定地看着他，直到他自愿把灯关掉。

他受不了她的目光，就像 X 光机，仿佛连骨头都看得见，可当初她的眼神不是这样的，要是一开始就这样谁还敢娶她？

东西·《回响》

第一次见面，她的目光像柔软的指头，在他脸上轻轻一按便飞快地缩回，似乎不是看他而是在测试他面肌的弹性。

《回响》第 44 页

"我爱他吗？"她问自己。她想这个问题恐怕得分三个阶段才捋得直，第一阶段"口香糖期"，第二阶段"鸡尾酒期"，第三阶段"飞行模式期"。

第一阶段为什么叫"口香糖期"？灵感来自徐山川家保姆的形容，即："他们就像一坨嚼烂了的口香糖，撕都撕不开。"她认为这同样可以用来形容她和慕达夫恋爱时的关系。……

第二阶段，她称之为"鸡尾酒期"，指她怀孕到唤雨三岁这段时间，她对他的感情被唤雨分享了。……这一时期他们的爱就像鸡尾酒，即母爱父爱以及爱情亲情全搅在一起摇晃，傻傻地分不清。

第三阶段她定义为"飞行模式期"，时间从唤雨六岁至今，她似乎把爱情给忘了，就像手机调至飞行模式，虽然开着机却没有信号。每次信号重置都需要他先提出申请，然后她看看心情再决定连不连接。经常他申请五次她才通过一次，比他申请课题的成功率还低。……现在她一概不闻不问，连他发来的"平安到达"都觉得多余，甚至忘记回复。以前晚九点他不回家她就心神不宁，在家里走来走去什么事也干不成，现在即便他凌晨不回，她也只是礼貌性地打个电话，有时连电话都懒得打。打电话是为了表示她还关心他，但关心已没有温度和细节。

这么说我已经不爱他了？

《回响》第 129—134 页

"心灵是现实的回响"

——访第十一届茅盾文学奖获奖作家东西

□ 许婉霓

"我乐于写现实中伸手可及的日常生活"

许婉霓：祝贺您的《回响》获得第十一届茅盾文学奖。对您来说，获得茅盾文学奖意味着什么？

东西：获得茅盾文学奖是对我个人的鼓励，也是对一直坚持艺术探索的"新生代作家"群体的鼓励，更是对边疆民族地区作家的鼓励。

许婉霓：这些年来，您一直坚持多样的艺术探索，《回响》是您继《耳光响亮》《后悔录》《篡改的命》之后的第四部长篇小说，您是如何在自己的创作坐标上定位《回响》这部小说的？

东西：写这四部长篇小说有一个心态的变化过程。在起步阶段，我迷恋艺术手法的创新，像孙悟空那样挥舞着金箍棒上天入地，一个跟斗飞越十万八千里。之后，随着年龄的增长，文风慢慢变得沉稳。到了《回响》，我没那么执拗了，或者说，我变得更客观更辩证了。我是带着一种充分尊重人物的心态写《回响》的，就是让人物自己塑造自己，不添加我的成见，但艺术手法上我还保留了某些追求。我把类型小说与纯文学写作嫁接，并用双线结构对应，保留写作初心的同时也在向类型小说学习。因为我打开了人物的内心，所以我的内心也变得越来越开阔。这是一部"推理"加"心理"的小说，二者相互交织呼应，让主人公最终重拾爱与信任。《回响》是我的认知走向成熟时的作品，也是我喜欢运用的多种创作手法的集结。

许婉霓：就像您说的，这四部长篇小说的写作经历了"一个心态变化的过程"，我想，这也是长篇小说的创作通常较耗费心力的表现之一。您的前三部长篇小说几乎都是"十年磨一剑"，而之前在《回响》的后记中，您也曾透露《回响》的创作经历了相当长的过程，比如开头的不断重写，比如对后来为众多论者肯定的"推理"和"心理"领域的积累与学习。既然长篇小说的创作如此不易，您能和我们分享一下为何会动念创作《回响》这部长篇小说吗？能否用几个关键词来概括一下您的此次创作过程呢？最初的构思和最终呈现的文本距离又有多大？

东西：我的创作有一个连贯动作，那就是写当代生活，写正在发生或我们有可能面临的故事。我乐于写现实中伸手可及的日常生活，因此我想来一次情感的正面书写。有这个想法已经十多年了，迟迟没动笔是因为找不到好的写作角度。2017年春天，我给自己打气，无论如何得把这个想法完成了。想了半年，终于想出一个点子，那就是加一条案件线，让案件线与情感线形成呼应，让这个小说更厚实也更现实。我要借类型小说的壳来行纯文学之实，以提升纯文学作品的可读性。

一方面，既然要写破案，那就要有推理知识，但这方面的知识我是缺乏的。为此，我到郊县派出所采访了三位刑警，了解他们的工作与生活。除了跟他们交朋友外，还认真阅读他们推荐的关于推理方面的书籍。另一方面，要写心理，还需要心理学方面的知识。所以我便向两位心理咨询师请教，并阅读他们推荐的七本心理学教材。这两方面的"补课"虽然花掉了我十个多月的时间，却让我有了开足马力写下去的底气。

至于写作过程的关键词，我只能试着归纳为"关注生活""描写心理""完成主题"。而完成度方面，同为"新生代"作家的毕飞宇曾说我的小说完成度高。朋友的鼓励我是当真的。

"如何把历史的和个人的心灵运动结合起来"

许婉霓：有不少论者谈到，《回响》的题目与小说的结构设置形成呼应——奇偶数章节所展示的案件线和感情线双线缠绕行进，造成"回响"效果，这是不是小说题目选择"回响"的全部缘由？我留意到，除此之外，"声音"也是《回响》的重要部分：且不说重要人物冉咚咚名字中"咚咚"二字的韵律感，"大坑案"中贯穿案情、成为破案关键的录音、讯问等无一不和声音有关，而感情线中夫妻的对话、争吵或摔门声也成为暴露内心的重要声音。在我看来，这似乎与题目的设置更为相关。您对"回响"这个题目的设计有何考虑？

东西：这个题目是多义的，当然包括声音，但也包括"心灵是现实的回响""善恶爱憎都有报应"等含义。

我对声音确实比较敏感，小时候听得更多的是大自然的声音、父母呼喊的声音。在群山之中，即使北风呼呼，有时也仿佛听不见。因为孤独，一个人的时候，对着群山喊一声，群山回应，心灵便能顿时得到慰藉。为了表达对声音的感谢，我曾写过中篇小说《没有语言的生活》，这个小说貌似没有声音，却处处充满对声音的渴望。

《回响》中，"回响"的基本义就是声音的回声；而"心灵是现实的回响"这一点，我在小说中也有暗示。

许婉霓："推理"与"心理"元素贯穿了整部《回响》，但如果将《回响》比作一部交响乐，则前后各有侧重：小说前半部分，"推理"的声音显然更为明显；进入后半部分，"心理"逐渐加大音量，并最终让冉咚咚和读者一并陷入自我拷问中。有论者将《回响》称为"心理现实小说"，刚才您也谈到在小说中有意暗示"心灵是现实的回响",那么,您如何理解"心理"与"现实"的关系?您认为"心理"在深入现实、书写现实中扮演怎样的角色?

东西: 英国作家福斯特在《小说面面观》中说:"我看见人类心灵的两种运动:一是历史,昂首直前,浩浩荡荡但单调无味;一是那种个人追寻,龟步蟹行,缓慢得不敢见人。"而我在写《回响》时,就在想,如何把历史的和个人的心灵运动结合起来,既写出昂首直前又写出龟步蟹行?历史在大踏步地前行,心灵的反应也越来越快,仿佛电脑升级计算提速。当我们的心灵像现实那样越来越丰富时,小说创作理应跟上心灵的反应。因此,我用大量的笔墨写人物的心理活动、潜意识。我向人物的内心挺进,从心灵里寻找折射后的现实、加工过的现实以及变形的现实,努力探索何以变形、何以被这样加工、何以被这样折射的原因,并相信每个人物对现实的加工,就是他们的认知、人生态度甚至是他们的哲学。但写到最后,我发现即使心灵变得再快,有的却是恒定的,比如爱与信任。

许婉霓: 说到"爱与信任",我们来谈谈冉咚咚吧。冉咚咚是《回响》中最为重要的人物,也是在读者当中引起热烈讨论的人物。我想,这不仅仅因为她是这部小说中双线并进的中心人物,更在于她呈现了当代女性在职业与家庭这两个方面所可能面对的困境,比如她在婚姻中面对的困境就与"爱与信任"有关。您是怎样看待您笔下以冉咚咚为代表的女性形象的?

东西: 我崇拜冉咚咚。她既有过人的破案能力,又有对抑郁和焦虑的承受力,最终还能把凶手缉拿归案,让正义得以伸张。但为了破这个案,她差点牺牲了家庭和婚姻。这是一个有生活气息也有弱点的人物,她是接地气的。过去这类人物往往被写得没有弱点,所面临的困难也基本上是外部的困难。为了避免这种格式化写作,我让她除了克服外在的困难外,更主要的是解决内在的问题,即克服她的过度敏感和焦虑。由于侦破工作带来的压力,她的焦虑症只能通过丈夫来缓解,她的紧张感被无意识地转移成敏感。她知道最能理解或最能包容她的是丈夫，所以她用怀疑的方式在丈夫面前变相撒娇。她之所以不停地追问丈夫，是因为她没有婚姻的安全感；当案件侦破之后，她的焦虑感消失了，心里突然升起一阵"疚爱"。她是爱情的理想主义者，容不得半点可疑。

"小说越是有原创力，就越有可能被改编"

许婉霓：您是文学界破圈的行动者之一，有不少文学作品都经过影视化改编并取得成功：中篇小说《没有语言的生活》改编为电影《天上的恋人》、长篇小说《耳光响亮》改编为同名电视剧，等等。而您也参与了不少影视剧的编剧，像由小说《回响》改编、今年（2023年）播出的同名网剧，便由您担纲编剧，由冯小刚导演执导。您破圈的契机是什么？

东西：我的小说被改编主要是因为我的小说跟别人的不太一样，也许可以称为"独特"吧。像《没有语言的生活》，我写的是聋哑盲三人组成一个家庭的故事，他们在健全人都觉得难以沟通的时候，却能彼此帮助，达到有效的沟通。他们的身体虽然残缺了，他们的心灵却是健全的。这样的人物关系、这样的主题，被有抱负的导演和有思想的制片人欣赏，于是才有了改编为电影、电视剧和舞台剧的机会。

至于《回响》，冯导看中的不仅是推理，而是推理外壳下的心理探寻。他说如果拍一部纯粹的推理片，他没有兴趣，而拍这部用推理的外壳写人物内心的作品他来劲。《耳光响亮》也是这样，当年蒋勤勤看完小说，就决定降低片酬出演，后来电视剧创了高收视率。我在编剧本时问蒋勤勤，你喜欢牛红梅这个角色的哪样？她说牛红梅做完了女性所有的角色，即女儿、姐姐、情人、妻子、母亲，被抛弃的、被强迫的、被追求的……后来我写剧本时，基本是按这个路子走的。小说越是有原创力，就越有可能被改编。

许婉霓："小说越是有原创力，就越有可能被改编"，道出了小说与影视化改编的内在联系，您认为小说影视化的价值何在？

东西： 小说影视化的好处就是能扩大作品的影响力，能部分地把观剧或观影的观众吸引到小说上来，这也是推动阅读的方法之一。开始我不愿意给自己的小说写剧本，因为我害怕肢解自己的小说，心里非常排斥。但制片方最后总是来找我，说你的小说你最了解，别人改编会变味。为了让影视项目顺畅推进，我只得硬着头皮上。改了几部剧之后，我觉得对小说创作有帮助，比如剧本重视人物塑造、逻辑严密、情节递进，同时也讲究台词、注重细节，等等，这种功夫会反过来帮助小说创作。此外，剧本会被无数人提修改意见，包括出品人、制片人、导演、演员、美工，等等，而小说创作基本是自己说了算，一个人说了算的事往往都会有漏洞。所以，写剧本能锻炼我的承受力和修改力。

许婉霓： 小说《回响》中，慕达夫与冉咚咚未完成的感情结局是我非常喜欢的部分。虽然在案件线上，冉咚咚寻找到了真相；但在感情线上，正如慕达夫所说，"感情远比案件复杂，就像心灵远比天空宽广"，勘破人性与自身依然无解，这为小说留下了无限的遐想。影视化后的结尾却安排了一个两人破镜重圆的结局，似乎回到传统的"大团圆"了。这样区别处理的原因是什么？小说《回响》中，慕达夫曾在点评贝贞长篇新作时批评贝贞新作结尾"没有温暖"，网剧《回响》是不是为了呈现一个更温暖的结局而作了改动？您自己是怎么考虑的呢？

东西： 文学作品的温暖不能硬塞，它需要滋润，需要堆积。《回响》中慕达夫评价贝贞的小说结尾"没有温暖"，一是因为慕达夫此时渴望温暖；二是贝贞在用写作报复生活，这不是真正的写作。真正的写作不带偏见。从《回响》小说版与网剧版不同的结尾，可以看出两种艺术样式的创作要求不同。小说可以留白，因为读者喜欢自己填补，甚至喜欢多种答案，说得太满，读者反而不喜欢。但大部分观剧或者观影的人，都喜欢有一个明确的温暖的结尾，好莱坞的电影基本上也是这么干的。网剧《回响》的结尾经过导演认真思考，才这么结的，他有他的考虑，我理解并支持。让喜欢小说的喜欢小说，喜欢影视剧的喜欢影视剧。

"经典是可以拿来超越的"

许婉霓： 小说《回响》中创造了很多有趣的概念，比如爱情"口香糖期""鸡尾酒期""飞行模式期"三个阶段的概括令不少读者印象深刻，这些概念您是怎么得来的？有人说，这种活生生的语言正是源于对生活的观察，能够很好地拉近与读者的距离，您觉得呢？除此之外，您在创作中还做了哪些努力，来打通读者与《回响》的关系？

东西： 爱情三个阶段的概括是我借冉咚咚之口说出来的，这也是我对婚姻的观察或者说粗浅的思考。由于小说涉及心理学，我也创造了一些心理学名词，比如"晨昏线伤感时刻""疚爱"，等等。这些不能瞎创造，必须有心理依据。"晨昏线伤感时刻"是我的真切体会，比如夕阳西下或太阳初升之时，我就特别伤感，仿佛看到了时间的流逝，或者拥有某种未知的期待。天地轮回，睹物伤逝。冉咚咚根据这一心理特点，专门在阴阳交替之时讯问犯罪嫌疑人，竟然有奇效。而"疚爱"则是因内疚而产生的一种弥补心理，它证明任何没有经过考验的爱情都不是爱情，任何没有经过考验的信任都不是信任。也许我在无意之中，为心理学提供了几个名词。无论什么作品想要与读者打通，主要靠的是情感的代入、文字的精准、构思的巧妙、情节的跌宕等艺术手法来完成，写来写去最终都得回到常识。

许婉霓： 您在文本中提到了司汤达的《红与黑》、福楼拜的《包法利夫人》等纯文学经典，更是让冉咚咚在小说中读了三次卡波特的《冷血》，似乎在不断梳理着富有"推理"元素的文学经典序列。在文体上，《回响》也借鉴了以侦探小说为代表的通俗小说的外壳，读来却是一部不折不扣、探讨人性的纯文学作品。这么说来，《回响》在创作之初似乎就是一种有意识的、向上述文学经典致敬的文体探索，您是如何看待这些经典的呢？

东西：《红与黑》《安娜·卡列尼娜》《包法利夫人》的心理描写是令我信服的，尤其是对女性心理的描写，精彩至极。《冷血》对罪犯心理的挖掘很深，我也是由衷地敬佩。这些小说以前我读过，但在写《回响》的过程中我又读了一遍，发现以前阅读时并没有完全领会作品的妙处，有了人生阅历之后再读，感觉完全不同。托尔斯泰在出版《安娜·卡列尼娜》之后，俄国作家为之叫好，有人说他超越了西方的所有作家。经典除了用来学习，也可以拿来对标，甚至可以拿来超越，虽然这很难很难，但不能因为难我们就不去做，哪怕有一点点进步也是令人欣慰的。

采访手记

2023年8月11日中午，在第十一届茅盾文学奖结果公布后不久，约访电话那头传来的，是东西略微欢快随即又恢复常态般冷静的声音。这一瞬间的情绪起伏，加上此次东西的获奖使广西在"茅盾文学奖"上实现了"零"的历史性突破，让我对东西如何看待《回响》获奖充满好奇，而这也成为后来我们这场专访交谈的起点。我们在那个周末围绕小说《回响》的创作过程、叙事架构、人物设置、创新巧思、破圈契机等，一步步往《回响》、往东西创作的纵深处勘探。东西自信又谦和的态度，对自己写作经验从容又坦率的讲述，对现实生活的重视与呈现的自觉，都让我印象深刻。

作为"新生代作家"的代表之一，东西一直重视小说艺术手法的探索，他在采访中坦承自己年轻那会儿刚开始长篇小说创作时对艺术手法创新的迷恋：享受"像孙悟空那样挥舞着金箍棒上天入地，一个跟斗飞越十万八千里"。不过，与某些凌虚蹈空的探索不同，热爱在文学上改变和创新的东西，清醒地将这份探索深扎于现实之中。不论是而立之年创作、1998年获得首届鲁迅文学奖的中篇小说《没有语言的生活》，还是长篇小说《耳光响亮》《后悔录》《篡改的命》及获得本届茅盾文学奖的《回响》，"艺术探索""现实开掘""世情体察"都是他文学特质的重要根基，成为滋养他庞大作品体系不断生长的养分。在我看来，这不仅造就了他的小说与众不同的气质，更在某种程度上成为他与影视剧、话剧等其他艺术形式频繁碰撞的重要原因，这也成为我们这次专访谈及的重要内容。

"文学与影视剧结合，基本上是双赢的事情。"东西曾如此谈及对文学影视化的认识。文学破圈的自觉意识和深厚潜力，助推了小说《回响》的成功出圈——在本届茅盾文学奖获奖的五部作品中，小说《回响》是唯一一部成功改编为网剧并已播出的作品。改编的过程是怎样的？小说与网剧为何设置了不同结局？东西在这次专访中向我们透露了不少这方面的独家内容。

小说《回响》从女警冉咚咚接触的"大坑案"起笔，广阔的社会生活和自我的婚姻危机纠缠在这位女警的破案之路上，"推理"和"心理"的两条线索之下，看似平静的日常背后却翻滚着汹涌的心灵波涛，由此裹挟而来的错综复杂、紧密相连的众生命运，与东西畅快淋漓的文字带来的阅读快感一道，回响在进入这部小说的每时每刻。小说《回响》的封面上印着："你能勘破你自己吗？"我想，这不仅是小说中慕达夫对冉咚咚的诘问，也是这部小说对每个人的叩问，更是东西这些年来以文学介入现实、抵达人心的重要动力之一。

东西·《回响》

入口很小　开掘极大

□ 刘稚

　　跟东西第一次见面，大约是 20 世纪 90 年代末一个秋日，他从广西来北京参加青年作家创作会议。在二十一世纪剧场外面空旷的大草地上，东西对我发出的长篇小说创作邀约并没有给予十分肯定的允诺。此后的多年里，我跟他通过电话联系，询问他的创作情况。2005 年他出版了长篇小说《后悔录》，里面有一种比较罕见的哲学性思维。我向东西表达了对这部作品的喜爱，跟他约了创作谈在《文艺报》上发表。2019 年我陪同李洱去南宁参加《应物兄》的读者见面会，再跟东西见面，我重提约稿旧事，提到他的《后悔录》，20 年间断断续续的联系都勾连起来了，我们双方都觉得是时候合作了。正好！他正在创作一部长篇小说，这之后他不断报告写作进度，作为编辑，感受到他在创作中的信心和激情，所以相信他并期待着这部新作。第二年年底，他把《回响》交给了我。

　　《回响》入口很小，开掘极大。借助侦探、推理小说的形式，实则实现了作者的纯文学抱负，整体性地观照人的心理、情感和社会性，将深深关切的广阔社会现实生活与当代人的精神生活及心灵世界立体多面深刻地进行艺术性呈现。一条案件线索，一条心理线索，双线交织缠绕，由众多人物巨大的心理能量推动发展，细节丰沛，语言精准生动，完成了一场密不透风的文学叙事。

小说提供了描写现实的独特路径和特别视角，随着案情的展开，小说中的每个人物都带来了社会、时代、个人和家庭的剖面，形成了多重镜像，投射出时代、社会对个人的影响，呈现了人物的深层心理与复杂的情感关系。小说描写出当代人的心理图景，这幅心理图景是将人置于社会关系、家庭关系、血缘亲情、权益利害、法律制约、伦理规范等现代性关系与处境中绘制的。作品的一个突出特点是表现人性的变幻莫测、人性的善恶难辨。这种不确定性体现在人物描写、情节处理上，不做简单的是非判断，而是打开了多重价值维度，拓展了认知的疆域。

文学的要义是探索人性的复杂性，小说将对人的行为的复杂性描写延展到对人的内心、意识的复杂性挖掘，尤其是当代人的心灵世界的挖掘，做到了"真实""贴切"，分寸感拿捏到位。精神分析式笔法开启了人物的内心渊薮，许多隐秘的内容意外地闪现，而故事的展开、情节和悬念的构设，在巨大的叙事张力中保持着平衡和节制，一切以人性的表现为需要。

2020 年底《回响》交稿，社里即确定为重点出版项目，于 2021 年 6 月推出。基于这部小说的特点，小说中的一句诘问被放在封面上："你能勘破你自己吗？"认识自我是现代心理学命题，也是人类面临的永恒难题，它对今天的读者充满了意义：每个人都需经由认知自我的道路获得成长。一边编辑稿子，一边也迅速向导演冯小刚进行推荐。2021 年春节前小说还未出版，冯小刚导演在收到打印稿一个星期左右已确定亲自执导改编成同名网剧，力邀东西本人担任编剧。冯小刚导演惜字如金，他对《回响》的评价我一直记得，他说："这部小说写得很高级。"13 集网剧《回响》2023年 3 月在爱奇艺播出，创"迷雾剧场"收视新高。

《回响》出版后，很多评论家都陆续发表了精彩的评论。有评论家认为《回响》在如何处理当代经验方面提供了新的方法，是"直面现实的写作"。有评论家提出，东西笔下的"现实"包含着突出的心理体验的内容，他有意识地把"现实"纳入人物的"心理""感觉"中。

（作者系人民文学出版社编辑、《回响》责任编辑）

《回响》读者热评

@冬小麦：小说以一桩谋杀案开头，是吸引我往下读的原因。但这个小说要写的绝不是一个落入俗套的破案故事。随着案情的推进，各色人等浮出纸面。有知识分子夫妻间的猜忌，有年轻女孩和富商间的情感纠纷，有父母对子女的爱和控制，有年轻男女对爱情的向往……故事很吸引我。然而最吸引我的是作者对人物心理入木三分的描写。

@屁屁妈：那心灵的秘密地带，是大千世界的回响。一桩爱情纠纷引起的刑事案件激荡起十年琴瑟和鸣的婚姻阵阵回响，他人婚姻的罅隙成为远视症患者的镜片，一再窥探婚姻的秘密，可婚姻哪叫得醒一个装睡的人？都说晨昏之际最易动情，太阳升起前再问一问自己，爱与不爱究竟是从哪一刻起开始割裂的？"至亲至疏夫妻"，婚姻的围墙垒时艰难塌时易，如今被压在废墟下的"夫妻"，心怀"疚爱"，唯闻叹息，回响不绝。

@戴维斯的歌谣：题材比较新颖。主人公审查案件的时候，又夹杂着一些私人的情感纠葛，需要摒弃情感的时候却无法摒弃，需要信任的时候却无法完全信任。虽然读者不一定与书中主人公的境遇完全相同，但是在生活中也许会有着同样的纠结，阅读后还是感觉到有趣的。

@萃萃：小说写得很有勇气、很有力量——推理和心理双线推进，作者要花费大量的智识储备，对人性进行不断审视与挖掘。女主角冉咚咚是中国城市小说里一个独特的形象：特别勇猛，不惜赔上婚姻也要弄清楚真相。她不是个智者，更像个勇敢者，所谓生活的智者就是懂得绕过生命中的激流险滩，装装糊涂，不要动不动就拷问人性，得看破不说破。但这是俗人的智慧，作家就是得有能力、有勇气深挖人性，逐层剖析。读这本小说真的心惊胆战，惊叹日常生活里的惊涛骇浪。

@洛木羽：不是纯粹的推理悬疑案件类型作品，其中还涉及了感情、心理等等，看起来还是挺过瘾的。开篇的案件将一切悬念拉满，让读者产生种种好奇，对于受害人的行动轨迹、行为模式都是读者想要探究的。而作为案件侦查人员，冉咚咚还遇到了一系列难题。对于她而言，案里案外都是一种挑战。

@星辰：作者用这样一个案件，让我们普通读者深刻感受到了真实世界的复杂与难测。抓到凶手就结束了吗？没有！终于在审问徐山川妻子沈小迎的过程中知道了真相，这样就结束了吗？没有！人类心理的复杂、人类情感的复杂或许才是作者最想言说的。人心的变化奥妙无穷，这些内心的隐秘、情感你度过去了，人生就能继续往前走；度不过去，就是一场劫。

（评论由《文艺报》选自网络平台）

《回响》勘探"世界"的艺术

□ 杨辉

《回响》卷首有设问如是:"你能勘破你自己吗?"这一类乎德尔斐神庙的著名箴言"认识你自己",也差不多划定了《回响》核心故事所欲触及的论题——对自我观念、精神、心理、情感以及由之引发的种种心象的自我理解和阐释。然而,欲勘破自己,探讨微妙难测、莫知涯涘的心灵风景,又如何能脱离人所置身其中之生活世界的成就与限制?外部世界与内心世界、自我和他者、个体与群体、心灵和形式、意识和潜意识、词与物相互激荡,共同构成这一部小说多个层面、多样内容、多种声音的复杂奏鸣和无尽"回响"。

开篇即是"大坑案",被害的夏冰清和她留下的令人疑念丛生的种种谜团让刑警冉咚咚身陷其中,也无意间引发了她对家庭、情感、内在自我的省察。由此双线交织,互文互证,起伏跌宕,波动不已。《回响》由之朝向双重"世界"。一为数个人物所牵连其中的广阔、丰富、复杂的生活世界;一为由此激发、敞开其幽深莫测的内在风景。前者以夏冰清之死为触发点,逐渐牵连出徐山川、吴文超、刘青、易春阳等各色人物的各样行径,背后实为时代锣鼓多声部的复杂交响:徐山川的事业及其所表征的一类人物的生活和问题，吴文超个人遭际的特殊意味，刘青情感之变所牵连的乡村生活图景，易春阳的精神执念及其生活经验，等等，皆有发人深省之复杂意涵；后者则关联着冉咚咚与慕达夫，以及慕达夫和他的社交圈的复杂关系。作为文学评论家，慕达夫的文学观念以及他在以文学的方式指认现实时的价值偏好及其问题，他和作家贝贞的情感关系等，皆可谓绵延无尽，夹缠不清。随着故事的进一步展开，前者渐次清晰而后者愈发混沌。生活世界之诸般事项可以赋形，内心世界的浩瀚风景却难以尽知。正是在幽深莫测的心灵地带、游移不定的情感世界，《回响》体现出建构秩序的努力。慕达夫在与贝贞情感博弈时的节制、冉咚咚在意会邵天伟的爱慕和自己偶尔的出位之思时的自省，皆非随意之笔，而是包含着向上的力量，亦即一种持久的、有意味的、深具精神创造性的叙事能量。此建构的力量既足以统摄外在，亦足以规范内心，让起伏无定的诸种思虑由混乱而至于有序。《回响》因此是凝练的、蕴藉的，饱含对人和世界的深情和爱意的叙述。

这种叙述必然面临多重的困难和可能，如东西所言，"多年前写《后悔录》时，我就有意识地向人物内心开掘，并做过一些努力，但这一次我想做得更彻底"。这种彻底不仅可以理解为对人物及其心理纵深的深层掘进，应该还包含着对外部世界复杂消息多样可能的充分抉发，包含着虚构作品的虚拟世界与个人具体生活现实的交互发明。这既关联着写作的技艺及其可能，亦关联着阔大悠远的文学传统及其在现当代的传承和新变，关联着东西乐意指认和他未必有清晰意识的文章脉络。虽可以放入某种类型中方便地讨论，《回响》仍有溢出甚至超克单一类型的探索。它几乎巨细靡遗地呈现一场案件引发之旷日持久，牵连甚广的人、事、物，却未必可以简单地被解作侦探小说；借助若干心理学观念，它触及并细腻描绘幽深之心灵世界，却也未必单纯注目于心理分析；它以对外部世界的勘探开篇，而以对内在世界的省察作结，其间涉及无远弗届的精神和现实空间，也融通汇聚了新时期以降的多种文学路向和精神传统，由此生发和幻化的世界，丰富多样，意蕴深远，也可能引发新的写作艺术的持续"回响"。

颇具意味的是，故事终了，"大坑案"真相水落石出，易春阳被捕并交代了作案的过程，但冉咚咚并未有如释重负之感，她想："这么多人参与了作案，但现在却只有一个间歇性精神错乱者承认犯罪"，她和她的同事们抽丝剥茧、费尽心力，却发现整个过程如同剥洋葱，层层递进却最终空空如也。如是结果，"严重挑战了她的道德以及她所理解的正义"。虽说徐山川最后也被绳之以法，但因之牵涉出的问题似乎难有结局。冉咚咚自以为她对案件的正确判断足以反证其对慕达夫怀疑的合理，然而事实真如慕达夫所言，冉咚咚所能触及的案件并不足以"归类概括总结人类的所有感情"，"有限的几个心理病态标本"亦不足以代表全人类，因为"感情远比案件复杂"，一如"心灵远比天空宽广"。直面矛盾，反躬自省，冉咚咚亦觉自我情感确证的困难，在邵天伟和慕达夫之间难保没有犹疑和别情。故事虽已终结，由之引发的问题却未有定论，《回响》因此秉有一种朝向未来和未知的开放性，犹如精心抛出的石片，在平静的湖面激起层层涟漪，也把似乎无解的问题和无尽的思虑抛给了读者和他们寄身其中的生活世界。

推开小说《回响》的隐喻之门

□ 徐一洛

隐喻在人类的日常语言与思维中无处不在，它不仅仅是一种语言现象，更是我们理解人类"如何理解"的关键。东西的长篇小说《回响》中的隐喻亦无处不在。《回响》中的隐喻，是富于创造力和想象力的非常规隐喻，它意蕴丰富，具有故事性和趣味性，引人深思，予人启示，并有广泛的想象空间。隐喻是一扇具有巨大转化潜力的综合性大门。我们试图穿过这扇门，以全新的角度走向探索精神世界的真相。通过隐喻这扇奇妙的大门，我们得以深入了解《回响》要义的广度。

难解的纽扣

女主人公冉咚咚说："我可以让你脱衣服，但你每解一颗纽扣必须先回答一个问题。"她的第一个问题是"你相信他们出轨了吗"，在得到"相信"的回答后，男主人公慕达夫解开了她的第一颗纽扣。第二个问题是"你说过爱她一辈子吗"，他回答道"是她先背叛诺言的"。第三个问题是"你相信你能自己骗自己吗"，慕达夫的回答是"人生本来就是一个骗局"。第四个问题"如何面对孩子"，解到第四颗纽扣时，"他的手一哆嗦没把纽扣解开，仿佛那是一个死结"，后来，"他哭了，一边哭一边把刚才解开的纽扣一一扣上"。

"纽扣"是绵延与弥合的隐喻。扣上或是解开，喻指婚姻或两性关系的黏合或者撕裂。通过纽扣来隐喻身陷围城中的人们的拉扯感，进而反思我们每个人在婚姻中的定位。同时，纽扣也是"将女人系于其物品的亲密纽带"。尤其是所爱之人胸前的第二颗纽扣，据说这颗纽扣距离心脏最近，把它送给最爱的人，说明将一颗永远不变的心都交给对方，故而同第二颗纽扣捆绑的问题是"你说过爱她一辈子吗"。因此，第三颗纽扣直接对第二颗进行了补充"人生本来就是一个骗局"。当婚姻问题无解时，他们自然联想到婚姻的结晶"孩子"，关于孩子那颗纽扣，根本解不开，"仿佛那是一个死结"——孩子便是他们解不开的最大的结。既然婚姻与孩子的问题没有答案，也便只好无奈地将它们一一扣上，将这个千古谜题暂且搁置，于是"他哭了，一边哭一边把刚才解开的纽扣一一扣上"。

通过四颗纽扣来描绘现实与非现实的纠缠，二人在围城的迷宫中探路，山环水绕，山重水复，从螺旋式上升中走向缠绕的高潮。人具有天然的本能，来捍卫自身的身份与秘密，即便这有碍于解脱。这种永无休止的捍卫，让他们的纽扣越解越多，越解越解不开，最终土崩瓦解。

空洞的衣物

冉咚咚看到丈夫的内裤破了一个小洞，立即在网上匿名为他买了五条名牌内裤，却只寄到他单位。这是冉咚咚对慕达夫的一次考验，并由此引发了一场关于信任的激烈纷争。

内裤同样是隐喻，寓示着性、寂寞、黑暗、身心的饥渴以及不可言说的秘密、不可告人的隐私。内裤"像一个巨大的鸟巢"，包藏着身体的蓬勃，投射着心灵的贫瘠。内裤遮掩不住偾张的欲望、出轨的真相。一方过度敏感，而导致内裤里的真相若隐若现；一方过度补偿，因内疚而产生强烈的疼爱。内裤里那个空空的洞似乎在寻找一种清白感，自证清白的结果，只会让那个细小的防空洞越来越大。

二人一辈子小心翼翼地维护严丝合缝的界限、坚持人我之分，反映了一种充满恐惧、焦虑、内在冲突和持续深度抽离的生活。一条内裤轻而易举地道破了这个秘密。

关不上的门

> 这道门是她的边境线，出于关心或好奇，他不时悄悄地把门扭开，从门缝偷偷地看她在干什么，就像父母监督孩子……她知道他开门了，又关门了……她毫无睡意，便爬起来把锁打开。她越想越睡不着，又爬起来把门锁上。打开，锁上，打开……

"门"是卡夫卡在《变形记》中描绘的一个主要意象，具有丰富而深刻的象征意义。"门"本身是内外关系的隐喻，"门"内是主体私密孤独的空间，"门"外是异化了的现实世界。门的一开一合为读者描写出门内门外两种不同的生存环境——主体生存的困境和被异化的现实社会；格里高尔三次爬出房门，实质上也写出了西方人试图走出异化的人生圈子以及渴望能够与外界接触、能够与其他人建立真正的交往却不被接纳的悲剧。

打开和锁上的是一把心锁，一道心门。再咚咚关门、开门和锁门、开锁的象征意义要大于实际意义。每天晚上，当她躲在被窝里听到她父亲偷偷打开大门，去跟隔壁阿姨约会时，她担心自己和母亲会不会被父亲抛弃。这种被抛弃感就像她的胎记，虽然会忘记但从来没消失。当她进入亲密关系后，早年被抛弃的恐惧随时都有被唤醒的危机，只需要一个契机。一旦她怀疑慕达夫出轨，便产生了被再度抛弃的恐惧，于是选择先一步离开，这样就可以把关系的主动权掌握在手里，从而避免经历被再度抛弃的痛苦。

同时，开门和关门，锁门和打开，都有一种孩子气的相互赌气。两性关系中，有人注意才有价值，就像猫，你越在意它的某个行为它就越要坚持这个行为。他们像两只彼此折磨的猫。

他们只需要一个温暖的房间，但这个房间他们永远不能且无法到达。上帝将门紧紧地关闭成一堵无法逾越的高墙，弗洛伊德却硬生生地在这堵墙上撕裂一道口子，让我们观看人性的无奈与尴尬。他们所要做的，便是打开一扇门，从困境中走出去，突破二人之间的重重障碍。

一个童话

从前有一只小羊非要爬一座又高又陡的山，它不听小牛的劝告，气喘吁吁地爬上了山顶，顶上连一棵草都没有。看着陡峭的山壁，它四脚发抖再也没有力气爬下来，结果饿死在山顶了。

夫妻二人给十岁的孩子讲的一个童话，隐喻了婚姻的本质：小山羊吃腻了山下的草，以为山上的草更好吃，好不容易爬上去，结果山上什么都没有，还回不来了。隐喻了诱惑无处不在，就像小草，只要有一道缝它就能钻出来。对于困在围城中的两只困兽，只有冲出诱惑的陷阱，逃离自我怜悯的悬崖，才能走进真正自由的区域。

"为了弄清她的心理脉络，他看了整整十二本书"，却依旧理不清她的心理脉络，最终二人无奈地分道扬镳，这个结果令人唏嘘。或许，造成这一结果的原因之一是，他的取证是严肃文学，而她的取证是通俗文学。因而造成一连串的误会与伤害，而每一个伤害都不是单纯的伤害，都是"连环伤"。纽扣无解，手枪擦枪走火，门打不开亦关不上，童话没有结果。这无解之结，这未果之果，正如《回响》的封面和扉页上振聋发聩的天问一样，找不到答案：你能勘破你自己吗？

附　录

第十一届茅盾文学奖评奖委员会

主　任：张宏森

副主任：李敬泽　陈　彦　阎晶明　邱华栋

委　员：弋　舟　马　钧　邓　凯　古世仓　叶尔克西·库尔班拜克

丛治辰　刘　琼　刘大先　刘建东　刘笑伟　次仁罗布

许春樵　李　音　李　震　李一鸣　李晓君　李朝全

李蔚超　杨　辉　吴　俊　何　平　何　弘　何向阳

张　者　张　楚　张定浩　张晓琴　张浩文　张培忠

陆　梅　陈培浩　林丹娅　卓　今　罗　勇　岳　雯

金　瓯　金仁顺　胡友笋　胡性能　南飞雁　郜元宝

饶　翔　贺仲明　徐　琴　徐贵祥　郭　力　黄发有

黄德海　曹启文　韩松刚　韩春燕　鲁顺民　曾　攀

蔡家园　翟业军　颜同林　额尔敦哈达

书写新时代万千气象　努力攀登文学高峰

"学习贯彻习近平文化思想 更好担负起新的文化使命
——茅盾文学奖获奖作家座谈会"发言摘登

2023 年 11 月 17 日，"学习贯彻习近平文化思想　更好担负起新的文化使命——茅盾文学奖获奖作家座谈会"在浙江乌镇举行。获奖作家杨志军、乔叶、刘亮程、孙甘露、东西，评委代表刘建东、丛治辰，获奖作品出版单位代表韩敬群、毕胜分别发言，结合自身创作实践和工作实际，畅谈了学习习近平文化思想、努力攀登文学高峰、推动新时代文学事业繁荣发展的心得体会。

杨志军：人格的修炼是一个写作者的基本功

今天我们来到桐乡乌镇，这里是茅盾先生的故乡。在一个伟大作家的出生地，学习习近平文化思想，能让我们在新的层面上，从文学到思想、从感性到理性、从形式到内容，获得一种不可替代的升华。

习近平文化思想既有马克思主义文化观的底蕴，也有中国数千年的历史发展和文化发展的积淀，其中包括了对历史文化现象的洞照，对优秀文化传统的继承，对新时代文化现象的总结。它刷新了时代精神，绘染着生活色彩，鼓动着我们走向未来的脚步。它既有对文学走向高峰的希望，也有对写作者自身修为的要求。它还通过文化的经典范式，给我们提供了一种实现一流作品和一流人格相结合的可能。茅盾先生就是这样一位让我们向风慕义的作家。

早在1917年，茅盾先生就写道："处世宜乐观，而与一己之品行学问，不可自满，有担当宇宙之志，而不先事骄矜、蔑视他人。尤须有自主心，以造成高尚之人格，切用之学问，有奋斗力以战退厄运，以建设新业。"这时候的茅盾先生参加工作才一年多，也就是刚刚进入商务印书馆编译所不久。之后他就参加了《小说月报》的编辑工作和文学研究会的组织工作，对新文学运动提出了自己的观点："使文学更能表现当代全体人类的生活，更能宣泄当代全体人类的感情，更能声诉当代全体人类的苦痛与期望，更能代替全体人类向不可知的运命作奋抗与呼吁。"这是茅盾先生参与中国当代文学事业的开始，这个开始非常重要，他已经具备了好文学和大作家所应该拥有的全部内容：高尚之人格，切用之学问，勇毅之思想，超凡之使命。从认知和思想的源头出发，此后的茅盾先生便有了反映大革命时代的三部曲《幻灭》《动摇》《追求》，有了"透视过现实的丑恶，而自己去认识人类伟大的将来"的《野蔷薇》，有了为中国的壮剧"留一印痕"的《虹》，有了知人论世的《鲁迅论》《王鲁彦论》《徐志摩论》《庐隐论》《冰心论》以及《读〈倪焕之〉》，有了中国现代长篇小说创作的里程碑《子夜》，有了"未尝敢忘记文学的社会意义"的《春蚕》《秋收》《残冬》《林家铺子》《清明前后》等。

茅盾先生作为一个典范式的中国现代作家，在人品、思想、才情、创作等方面所拥有的格局和所达到的境界，无疑给我们提供了一个榜样。学习习近平文化思想，就是要以这样的榜样为先导，朝着越来越清晰璀璨的远方，跋涉前行。

一个写作者的远方既是可以前瞻的地平线，也是可以后顾的历史深处。习近平文化思想的精髓里，有着无数先贤为中国古代文化所做出的不懈努力。儒家讲究仁、义、礼、智、信，说这是"五常"，也就是做人最起码的道德标准。北宋大儒张载又有"为天地立心，为生民立命，为往圣继绝学，为万世开太平"的名句，说的是知识分子的理想情怀。那时候的作家都是说到就能做到的信守之人，都是把"知行合一"当作家常便饭的践行者，精神理想和文如其人的风格不仅造就了文章的品位，也塑成了"人"的模样：有"大象无形"的学说，便有"老子化胡"的举动；有"香草美人"的比喻，便有汨罗自沉的壮逝；有"性本爱丘山"的表白，便有归园田居的行为；有"大江东去"的诗文，便有宠辱不惊的超脱；有"气造天地"的志向，便有自珍改良的佳话。更有李白、杜甫、稼轩、陆游、雪芹、鲁迅，文有华章，人有高品，真正是冰壶秋月，傲雪凌霜。

人格的修炼是一个写作者的基本功，"善不积不足以成名"，"善不由外来兮，名不可以虚作"，"身无道德，虽吐辞为经，不可以信"。敬畏头上的星空和内心的道德法则，严格审视写作者的精神构造和道德体现，构成了一部从情爱到大爱、从好善到性善的精神发展史。纵观世界，几乎没有一个思想家、哲学家、文学家不因为宗仰道义而得到大众的追捧和时间的挽留。

"志不立，天下无可成之事。"学习习近平文化思想，就是要做一个"知行合一"的文化人，做一个有文德、有操守、有底线的写作者，做一个有社会担当、有使命意识、身体力行地践行道义、表现道义、挖掘人性真善美的作家，努力让自己的生命般配于文学这个高尚的称呼。

我的《雪山大地》，就是想通过现代青藏高原的变迁史，展示几代人越走越高远的历史脉络和越来越进步的生活内容，体现"人"的质量和海拔一样高峻的精神指标，把实现人的理想和做一个理想的人完美地统一在生活的方方面面。但我挖掘得远远不够，而不够的地方却闪烁着更具魅惑的光亮，正是我继续攀登的目标。

写作者"不可以不弘毅，任重而道远。仁以为己任，不亦重乎？死而后已，不亦远乎"？

（发言者系第十一届茅盾文学奖获奖作家，《雪山大地》作者）

丛治辰：文学的时代性、人民性、创新性

时至今日我依然非常怀念评奖的那些日子，大家在小组讨论中、在食堂里、在饭后散步的小路上，随时随地交换对作品的看法，充分表达自己对文学理想的坚持。那些严肃而真诚的时刻会令每一个文学从业者温暖和感动，那是文学的尊严所在。

讨论当然不会总是一团和气。我自己就和一些我极为尊敬的前辈和朋友多次发生争执，以至于最近还在反省当时会不会有些冒犯。但如果时光倒流，我想我们每个人依然会选择那样直接坦率的反复辩难，因为捍卫对文学的信仰正是茅奖评委的职责所在。习近平总书记说"真理越辩越明"，要"说真话、讲道理，营造开展文艺批评的良好氛围"，那 20 余天的评奖工作真正落实了这样的批评精神。也正因经过了频繁激烈的争论，最终评委们达成共识，遴选出的这 5 部作品才尤显难能可贵。

达成共识当然并不容易，这一方面因为 60 多人的艺术观念、审美趣味不尽相同，另一方面也因为四年来我们国家的长篇小说创作的确呈现出可喜态势，涌现了太多优秀作品，令人难以抉择。获奖作品当然实至名归，但在此之外的确还有不少出色的长篇小说，它们共同勾勒出了一片璀璨的新时代文学星空。

评奖总要有所选择，没有任何奖项可以容纳整个银河系，而理应凸显自己的文学趣味和立场。因此 60 多位评委纷纭的文学追求必须统一为一

个共同的文学追求，那就是茅盾文学奖所坚持和彰显的文学追求。作为国家级文学奖项，这一文学追求相当程度上正是共和国文学理想，这一理想以中华优秀传统文化为依托，其萌芽可以上溯到新文化运动，此后经百余年艰难探索，不断明确其方向、丰富其内涵、细腻其肌理。进入新时代之后，习近平总书记关于文艺工作的多次重要论述正是立足新的历史现实，对共和国文学理想最新、最科学、最系统的论述。学习习近平文化思想，我们能够更深刻认识到茅盾文学奖的文学追求。

依我浅薄的学习体会，这一文学追求至少包含三个方面：

其一是时代性。习近平总书记反复强调"文艺是时代的号角"，号召广大文艺工作者"反映中华民族的千年巨变，揭示百年中国的人间正道，弘扬以爱国主义为核心的民族精神和以改革创新为核心的时代精神，弘扬伟大建党精神，唱响昂扬的时代主旋律"。孙甘露《千里江山图》书写隐秘战线革命者的斗争历史，杨志军《雪山大地》全景式展现西部多民族地区在新中国成立之后从贫穷走向富裕、从落后走向现代的历史进程，而东西《回响》则写出了当代社会复杂深幽的时代心理，无一不体现出反映时代、理解时代的强烈诉求。乔叶的《宝水》，在诸多正面书写新时代建设成就的文学作品中，是极具代表性的一部。它将乡村振兴与个人成长结合，表现出个人理解世界、文学表达时代的探索勇气。

其二是人民性。"源于人民、为了人民、属于人民，是社会主义文艺的根本立场，也是社会主义文艺繁荣发展的动力所在。"杨志军写出《雪山大地》，与他几十年在青海生活对当地群众的熟悉密不可分；乔叶为写《宝水》，以高度自觉的态度"跑村"了解新农村建设面貌。而他们都是在普通人身上看到了值得被文学记录的时代光辉。

其三是创新性。习近平总书记特别强调"创新"，认为"创新是文艺的生命"。本届获奖作品最突出的特征就在于一个"新"字。《千里江山图》和《回响》先锋的笔调和对类型文学乃至于影视文学叙事手段的化用，是一种新；《宝水》对书写新时代的开拓性的方法探索，是一种新；《雪山大地》提供的汉藏干部群众的"新人"形象，也是一种新。而对刘亮程《本巴》那种异质性叙述方式的褒奖，更体现了茅盾文学奖对创新的重视。本届获奖作品无不是讲述中国故事、赓续中华文脉的杰作，《本巴》格外难得之处在于，它提醒我们中华优秀传统文化的多元一体的格局，以小说的方式彰显了中华民族共同体意识。

（发言者系北京大学中文系副教授，第十一届茅盾文学奖评奖委员会委员）

乔叶：故乡是生长的文学

我的老家在河南。作为中国最重要的粮食基地之一的河南，在"乡土中国"的"乡土"一词上带有命定的强大基因。"土气"浓郁的河南，既丰产粮食，也丰产文学。改革开放以来，诸多前辈都以极强的文学自觉笔耕不辍，中原乡村成为他们取之不尽用之不竭的创作源泉。

不过，说来惭愧，作为一个乡村之子，很年轻的时候，我一直想在文字上清洗掉的，恰恰就是这股子"土气"。如今人到中年，经过这么多年生活和文学的教育，我方才逐渐认识到这股子"土气"是一笔怎样的资源和财富。这"土气"，往小里说，是我的心性；往大里说，意味的是最根本的民族性。与认识同步的就是创作。我开始有意因循着前辈们的足迹，想要获得这"土气"的滋养，在接连几部乡村题材的创作之后，随着《宝水》的完成，我对这种"土气"的开掘和书写也抵达了力所能及的最深的根部。

《宝水》截取了一个小山村的一年。作为一个文学乡村，这一年如一个横切面，意味着各种元素兼备：历史的、政治的、经济的、社会学的、人类学的、植物学的……这也是信息、故事和情感高度浓缩的一年，是足够宽阔、丰富和深沉的一年。为了写这一年，我的素材准备时间用了七八年。主要的准备，就是"跑村"和"泡村"。"跑村"是去看尽量多的乡村样本，这决定着素材的广度；"泡村"则是比较专注地跟踪两三个村近年的变化，这意味着素材的深度。"跑村"是横，"泡村"是纵。在"跑村"和"泡村"的纵横交织中，我鲜明地感知到，乡村正在发生着的巨变对于一个写作者而言是一个具备无限可能性的文学富矿。要在其中挖宝，脚力、眼力、脑力、笔力，确实缺一不可。我个人的体悟还加上了一点听力——潜伏在村庄里，窃听人们藏在深处的微妙心事，才有可能和他们同频共振，一起悲喜。每次走进村庄，我都会让自己沉浸式倾听和记录，然后保持诚实的写作态度，遵从内心感受去表达。无数扑面而来的鲜活细节让我真切地意识到，这些点点滴滴的细节所构成的正是这个大时代。也就是说，宏阔的时代必须附丽在这些细节里，而这些细节又由无数平朴之人的微小之事构建，如同涓涓细流终成江河。

在今年召开的文化传承发展座谈会上，习近平总书记对中华文化传承发展的一系列重大理论和现实问题作了全面系统深入的阐述，其中提到"传承发展中华优秀传统文化，促进外来文化本土化，不断培育和创造新时代中国特色社会主义文化。要坚持守正创新，以守正创新的正气和锐气，赓续历史文脉、谱写当代华章"让我尤有感触。毋庸置疑，中国乡土文学有着极其绵长深厚的传统，身处这个传统中，在继承的同时如何发展，这是我在创作中一直思考的问题。

文学是精神的故乡，故乡是生长的文学。时代正在发生的变化会波及每一个人。在时代的时势之变中如何关注新的现实，如何关注人们在时势之下的改变——比如中国乡村的新伦理建设和新生活建设，这一直是我所思考的。在《宝水》中，我把中国当下乡村人们的生活经验、生活意识与生活向往作为重要的表现内容。既然要写当下的乡村，我认为这些内容就应该是社会发展在文学创作中的必然呈现。比如因为城乡之间的频繁流动和边界变动，人们普遍拥有的是一种城乡混合叠加的复杂体验，《宝水》的人物和人物故事就比较集中地表达了这些体验。此外，对当下中国广泛存在的城乡关系，城乡关系中人们的心理、情感、道德等多种状态，城市化的背景下人和故乡的关系，以及在乡村变革中女性意识和女性命运的发展变化等，我也进行了力所能及的触及和书写。同时，我有意识地注重从中华优秀传统文化中汲取营养。如对民间故事、民间戏曲、民间工艺、民歌民谚、土语方言等这些传统文化资源进行了采撷和借鉴，也在故事风格、意象运用、古典意蕴等方面萃取和化用着本土文学传统的精华，尽力使之融入文本的内部肌理。在这个过程中，我深刻地认识到，重拾传统之美、溯源民族经验、光大民族精神将会成为一条越来越宽阔的文学之路。

（发言者系第十一届茅盾文学奖获奖作家，《宝水》作者）

东西：写作在向现实开掘的同时不应忽视向心灵的开掘

作为一个写作者，我是幸运的。因为我恰逢巨变时代，中国从物质到精神都发生了变化。新人物不断涌现，新情节层出不穷，新事物屡见不鲜。如何在"新"字上做文章？习近平总书记说："创新是文艺的生命。要把创新精神贯穿文艺创作全过程，大胆探索，锐意进取，在提高原创力上下功夫，在拓展题材、内容、形式、手法上下功夫，推动观念和手段相结合、内容和形式相融合、各种艺术要素和技术要素相辉映，让作品更加精彩纷呈、引人入胜。"

首先，我在生活中寻找新灵感。《回响》创作之初，我只是想写一个情感故事，但怎样才能写出新意？"推理"是我找到的第一个突破口。之前我曾犹豫，生怕一旦用了"推理"就会写成类型小说，害怕被情节裹挟而忽略了思考，同时又担心小说的过度严肃会造成读者的流失。一边是惯性写作，一边是不擅长的陌生写作，纠结犹豫之后，最终我还是选择把惯性写作与推理小说打通，不仅要有推理的外壳还要有推理的实质。"心理"是我找到的第二个突破口。一直以来，我都在虚心地向现实学习，并深感现实远比我的想象丰富。写作必须建立在坚实的生活之上，但我又不得不承认：生活有多丰富，心灵就有多精彩。换言之，心灵是现实的镜像，所有的心理反应都是现实的"投射"，写作在向现实开掘的同时不应忽视向心灵的开掘。虽然以前我也曾进行过心理写作，但都是浅尝辄止。这一次，我把心理的探索与现实的探讨用同等篇幅呈现，即主人公冉咚咚在推理案件的同时推理爱情。

其次，我在生活中寻找新人物。冉咚咚就是我刻意塑造的一个新人物形象。她有知识有才华，因为敏锐、逻辑性强而成为刑侦高手。在与刑警们的交往中，我发现凡是优秀的刑警都属于敏感型人格，否则他们破不了案。而敏感型人格利于侦破案件，却未必利于夫妻间的信任。为了人物的性格统一，我不敢删除冉咚咚生活中的敏感部分，而这部分恰恰是难题，也是写作者最想留白的地方。我也曾想把这部分略过，可一旦略过，人物就不真实。如果能把这部分真实地呈现，是不是就能让读者在看到她的巨大压力时产生更多的尊重？她在侦破案件过程中既要克服案件的复杂，又要克服情感的困扰，还要克服自身的焦虑与抑郁。克服前两项容易，克服第三项也就是内心的困境则是难上之难。写了第三种困境，人物才变得立体起来。而写她的不停追问，也是为了写出她的完美型理想型人格。当她不但勘破别人也勘破自己之后，我看到了一颗美丽的心灵。因为只有相信爱情的人才会追问不止，只有渴望信任的人才会不断怀疑。

再次，我在写作中研发新词。要写出心灵的丰富，少不了使用一点心理学知识。是的，就像每一次写作那样，我都全心全意地跟着人物走，在跟他们建立感情的同时渐渐与他们感同身受。当我彻底进入情节之后，一些新词包括以前没出现过的心理学名词不断出现，在小说里分析人物，竟然没有违和感。比如：心理远视症、简幻症、晨昏线伤感时刻、爱情的三个阶段（口香糖期、鸡尾酒期、飞行模式期）、疚爱，等等，这些词由心而发，试图概括总结某些心理现象。

就像人有人格一样，写作者也有写作性格。部分心理学家认为三至七岁是人格形成的关键时期。以此类推，写作者初学写作的三至七年，也是写作性格形成的关键期。我是20世纪90年代开始写作的，那时各种潮流奔涌而来，写作者勇于尝试新的写作方法，先锋小说应运而生。在这样的环境里，我喜欢阅读有难度的作品，追求"语不惊人誓不休"的写作效果。三十多年来，虽然我的写作经历了变化，但那一抹底色即写作性格一直都在。之所以有这样一抹底色，除了与时代的剧变有关，也与人心的求新求变契合。

现实中，并不存在一部与每个人的内心要求完全吻合的作品。一个作家想写出一部人人满意的伟大的佳作，那是绝对的空想，而读者也别指望会有这么一部作品从天而降。那部所谓的人人满意的伟大的作品，需要众多的作家去共同完成，他们将从不同的角度来丰富它。因此每个作家去完成他该完成的任务，这就是他为这个时代做出的写作贡献。如果说生活是写作素材的总量，那作家写出来的便是生活的部分量。我将继续努力，写好生活的部分量，争取从局部中写出整体，从单数中看出复数。

（发言者系第十一届茅盾文学奖获奖作家，《回响》作者）

毕胜：努力绘就新时代"千里江山图"

千里江山，百年寻梦。一个民族的伟大复兴，离不开强大的精神力量。2016年12月，习近平总书记致信祝贺《大辞海》出版暨《辞海》第一版面世80周年时指出，"希望大家坚定文化自信，坚持改革创新，打造传世精品"。为进一步做好新时代新征程宣传思想文化工作、担负起新的文化使命，上海文艺出版社深入学习习近平文化思想，并充分认识到新时代文艺出版工作应以反映时代精神为使命，积极推出呈现家国情怀、弘扬优秀传统文化、礼赞民族精神的文艺原创精品。

文脉悠远，与古为新。上海文艺出版社一直以来坚持以打造传世精品、出版高质量文艺原创作品为目标，逐渐扩大上海的文学出版在全国的影响力。本届茅盾文学奖获奖作品《千里江山图》的出版，既是我们学习习近平文化思想、坚定文化自信的有力体现，也是我们着力赓续中华文脉、推动中华优秀传统文化创造性转化和创新性发展的一次成功的出版实践。从王希孟的传世古画，到长篇小说《千里江山图》，再到今天的璀璨灯火，我们见证了"江山就是人民，人民就是江山"的文学表达。

我们深刻体会到新时代文学事业"如初春，如朝日，如百卉之萌动"。为了推动新时代文学从高原向高峰迈进，中国作协做出了一系列重大部署。《千里江山图》立项之初就被列入中国作协年度重点扶持项目，在创作、出版、研讨和推广等方方面面，中国作协都给予大力支持，指导、帮助我们打造出了这样一部具有新时代文学标杆意义的精品。近年来，上海文艺出版社着力邀请重要作家书写重大题材，鼓励作家在主题叙事和艺术创新上不断寻求突破，力争推出一大批既心怀国家民族锦绣江山，又具备出色文学价值的原创出版物。

我们充分感受到新时代文学出版形态"苟日新，日日新，又日新"。上海文艺出版社坚持融合出版的发展思路，努力建构多元化、多形态、立体式的文学原创推介和开发工作，推动图书以更多人民群众喜闻乐见的方式破圈运营，取得更大传播范围和市场能效。目前，《千里江山图》纸书热销的同时，电影、电视剧、话剧、广播剧、评弹、有声书、电子书、红色剧本杀等多种版权全面开花。在"走出去"海外版权译介方面,《千里江山图》表现亮眼,已经达成英语、德语、法语、西班牙语等十几个语种的版权输出,意大利语等十多个语种也在洽谈中。今年10月发布的2023年"经典中国国际出版工程"和"丝路书香工程"项目中,《千里江山图》的多个语种版权都榜上有名。

我们共同参与到新时代文学和评论工作彼此激荡的美妙过程中。评论界、学术界对《千里江山图》高度关注,很多文艺评论家撰写了高质量的评论文章,很多学者也开启了研究工作,从多个不同角度解读和分析《千里江山图》的文学价值与时代意义,对于广大读者第一时间理解这部作品起了重要的引领作用。评论家和学者们的广泛参与,不仅为作家书写历史和新时代生活出谋划策,也为出版机构谋划、出版、传播此类重大题材图书开辟了新路。明年,上海文艺出版社将结集出版《〈千里江山图〉评论集》,进一步总结经验、转化资源、形成联动,为继续扩大《千里江山图》的文学影响再添动能。

(发言者系上海文艺出版社党委书记、社长、总编辑)

刘建东:文学永无止境

有幸作为一名评委,参与了第十一届茅盾文学奖的评选。在评选的整个过程中,通过认真阅读每一位参评作家的作品,我时时被作家们满含深情、富有艺术探索精神的文学实践所感动。因为从他们的作品中,从他们创作的每一个故事中,我听到了时代列车快速奔跑的声音,看到了在新的文学进程中,辛勤劳作的作家们为新的时代描摹出的壮丽辉煌的动人画卷。从他们塑造的每一个人物身上,我看到了人民在创造历史、建设美好生活场景中动人的身影。作为一个写作者,我由衷地为他们的成绩感到高兴。

全体评委努力评出的这五部作品，具有鲜明的时代精神、艺术气息和现实关注，从一个侧面彰显了过去四年中国文学的成就，也预示着新时代的文学有了一个新的突破，并站在了一个新的起点之上。五部获奖作品，在传承中华优秀传统文化、回望历史、观照现实、关注人民精彩纷呈的生活、反映新时代的伟大变革等方面，给予了充分的展现，充分体现了汉语写作的无穷魅力。每一部作品都是一双凝视历史和时代的眼睛。跟随深邃而明亮的文学目光，我看到了"雪山大地"上发生的翻天覆地的时代巨变，看到了人与自然和谐共生的生动画卷；看到了"宝水"这个具有中国特色的小山村里，温润而体贴的生活细流，如何汇入滔滔的时代洪流之中；看到了《本巴》中深刻的文化积淀，在纵横驰骋的艺术想象天地里，完成了对人类梦想的诗性表达；看到了《千里江山图》中细腻而传神的叙述方式，让孜孜以求的文学气质，在荡气回肠的革命故事中得到发扬和光大；看到了《回响》中所展现出的宏阔现实生活图景，以及时代变化在人的精神世界中的折射与回荡。

近期召开的全国宣传思想文化工作会议上，明确提出并系统阐述了习近平文化思想。这标志着我们党对中国特色社会主义文化建设规律的认识达到了新高度。站在这样一个历史新起点上，作为一个写作者，我感到文学的使命更艰巨、更光荣，要全面把握思想精髓，深刻感悟思想伟力，不断增强文化自信，自觉运用习近平新时代中国特色社会主义思想观察时代、把握时代，始终与时代同频共振。近年来，中国作协一直在提倡把文学带入到更广阔的社会生活中，跨界破圈，让文学在中国式现代化场景中发挥更大的作用。文学是历史发展和时代进步最敏锐的感知者，文学历来都是历史进步的积极参与者，它记录历史，涵养民族文化，也推动着历史和文化的发展。

像柳青、周立波那样，时刻保持谦虚的姿态，永远做人民的学生，把文学之根扎在人民生活当中，用心去衡量现实的重量，丈量生活的长度，在生活中铺开写作的稿纸，拿起沉甸甸的艺术之笔，写下人民的期盼、人民的愿景，是每一个作家义不容辞的责任。这是对于不断变化的世界深入思考的责任，是对于所处时代和现实认知的责任。"生在这样的一个伟大时代，作家艺术家既要像翱翔的鹰，又要像扎根土地的树。"作家们应该有这样的自觉，有这样的胸襟，把时代巨大的光影，投射到文学笔端，把人民丰沛的前行力量，凝结成鲜活而生动的文学形象。

就像《本巴》给我们带来的充满想象的时间游戏，《宝水》让我们有了身临其境的现实感一样，文学本来就是一段由幻想通向现实的旅程，它带给我们希望和憧憬，让我们懂得爱与温暖，懂得和解与宽容，懂得珍惜与把握，让我们能看清自己和世界的真相，让历史和现实更真切地回到属于我们和我们民族的记忆当中。

我想，文学永无止境，这也可以作为一个写作者的奋斗精神，始终保持一种向上攀登的姿态，不断突破自我，到达新的高度。

（发言者系河北省作家协会副主席）

刘亮程：我在这些伟大的说唱传统中，学会讲大地上的故事

《本巴》是以蒙古族英雄史诗《江格尔》为背景创作的长篇小说。十多年前，我曾在《江格尔》史诗传承地新疆和布克赛尔蒙古自治县做旅游文化，在那片被史诗赞颂过的草原上，一次次地倾听当地的江格尔齐说唱史诗。尽管我听不懂半句，却听得入迷，那古老神奇的声音，将远山、辽阔草原、无垠星空和祖先连接在一起。当时我并没想到会写一部跟《江格尔》有关的小说，我只是给当地做《江格尔》文化工程，把文章写在大地上。

我在新疆多民族共居的环境中生活。我先父是传统中国文人，会中

医，能吹拉弹唱；我后父是民间说书人，他不识字，但会讲故事。他是村里的马车夫，早年常赶马车去县城、省城，他把远路上听来的故事说给我们。那些夜晚，我听着后父讲《三国演义》《杨家将》，感到遥远时间里的天一片片地亮了。那是文学对我最早的照亮。多年后当我写作《本巴》时，脑海里响起的是草原上史诗艺人的说唱和我后父说书的声音。我在新疆听到震撼人心的十二木卡姆演唱、阿肯弹唱等，我在这些伟大的说唱传统中，学会讲大地上的故事。我想在这些古老神奇的说唱之外，说出自己的声音。在史诗言说的尽头，找到自己无边无际的想象，在语言的地老天荒中写出属于自己的文字。

《本巴》是向《江格尔》史诗致敬之书，它同时也致敬这块土地上各民族优秀的文学经典。我热爱江格尔、玛纳斯、福乐智慧等犹如热爱《诗经》、唐宋诗词，它们同属于中华优秀文化中不可或缺的经典。这些从中国土地上原生的中国故事中，有我熟悉的山川河流土地的名字，有中国人的文化自信，有人类共有的情感和中华民族共同体精神家园。

《本巴》中人人活在25岁的游牧草原，也是我自小熟悉的家园。我在农耕和游牧两种环境中长大，一年四季，游牧民的羊群从我们村边地头经过。我熟悉游牧生活犹如熟悉种地。我知道被羊吃掉的一口草多久能长出来。《本巴》中的谋士能在"二十年前虫子走过的路上，得知你要来的消息"，因为大地上虫子的路连接着人的路，虫子的目光连接着人的目光，虫子看见的世界也是我们人的世界，虫子口中的那一丝呼吸，也是我们人类的呼吸。从《一个人的村庄》到《本巴》，我一直在写大地上人与万物共居的家园。这个家园里的每个生命，都在我的文字中有尊严且灵光闪闪地活着。

十多年前，我离开乌鲁木齐入住菜籽沟村，耕读养老。我在乡村出生长大，在城市生活二十年，又回到村里。我想在一棵树下慢慢变老，在这个村庄的虫鸣鸡叫狗吠中迎来每一天，目睹土地上的春种秋收，人和万物的生老病死及生生不息。我的散文和小说，都在写一个万物同在的世界。那也是我曾经生活其中的家园，房前屋后有树，树上有鸟，树下有鸡鸭鹅和各种虫子，我只是它们中的一个，我的生活被万物看见，我也看见它们。

记得刚入住菜籽沟时，面对这个几乎全是老人的半空穴村庄，我提出了"用文学艺术的力量，加入这个村庄的万物生长"。十年过去，这个村庄确实因文学艺术而改变，我也在这个村庄写出了自己最重要的两部长篇小说《捎话》与《本巴》。

我在这个村庄的传统文化中，也在时间岁月和田园自然中。我在这里感受到山乡变迁，也感知到时间季节。每年春播后，我都去田野跟农民聊天，询问作物出苗情况。秋收时下到地里查看农作物收成及售卖价格，我的心情跟这个秋天里盈亏收歉的农民是一样的。我不一定去写这些，但我获得了这个秋天大地上人的喜怒哀乐，无论我写什么，我的情感与大地上的人民心心相印，血肉相连。

我在菜籽沟村的十年，就是对面山坡的麦子青了十次，我们家白杨树落了十次叶子。每一年的光景都被我看见，每一束阳光的照耀都被我感知。这个被我认作家乡的小村庄，我知道它的土地连接着整个大地，从这里刮过的每一场风，都刮向遥远世界又刮回来，它的夜空中有在世界任何地方都会看见的所有星辰，它的每一朵花，都朝着远方开放自己，它的一声鸟鸣里有所有生命的叫声，它的孩子过着人类孩子的童年，它的某一个人老了，是整个人类在老，它的一只虫子的死亡连接着大地上万千生命的死亡，它的一个黄昏终结了全世界的白天，它的天亮了，就是全世界的天亮了。

一个作家，会逐渐地活成他的生活之地，活成一场风，活成这个地方的白天黑夜，活成漫天繁星中每夜都睁开眼睛注视着地上的一颗星星，活成一群蚂蚁中的一只，活成一只鸟，在天上打量我们地上的生活，活成一棵沧桑老树，它皲裂的树皮上有我们的老态，新发枝叶上有我们的青春，活成一粒被风刮到天空、孤独地睁开眼睛的尘埃，活成一个地方的厚土，埋葬祖先又生长草木庄稼。他将一个地方的古老历史活成自己鲜活的心灵往事，把一个地方书写成世界，把家乡故事，讲成中国故事，讲到世界上去。

（发言者系第十一届茅盾文学奖获奖作家，《本巴》作者）

孙甘露：与时代同频共振，文学才能焕发新的生命力

很荣幸与大家在这一特殊的时刻、在茅盾先生的故乡桐乡相聚，共同探讨有关文学的议题。新时代的文化繁荣发展和蓬勃进步，为广大作家提供了丰沃的创作土地，我们理应深存感念。

2023 年 10 月，全国宣传思想文化工作会议在京召开，习近平文化思想首次提出。这一思想是在新时代中国特色社会主义文化建设伟大实践中形成并不断丰富发展的，是新时代党领导文化建设实践经验的理论总结，对新时代文艺创作具有十分重要的引领作用。

我们为何而写？若要放到宏观的层面来谈，文化是一个国家、民族的灵魂和生存、发展的重要力量。知古鉴今，继往开来。当我们满怀深情地在脚下这片大地上踽踽独行时，历史洪流中那些鲜为人知的瞬间，那些艰难的非常时刻，那些藏于百年历史间关于这个世界的消息，或许都已慢慢浮现。

在每一次我们关于文学的再实践、再创造之时，新的时代思想、社会理念、人文精神会融合进来，世界呈现出新的视角与侧面，就如同风通过树叶被赋形。这些或许都该被视作与时代同频共振的创作，只有把握住时代的脉搏、扎根在人民的生活，我们的文学才能焕发出新的生命力。中国

经验、中国故事、中国精神的书写，归根到底是要打通人民之间最真实的生命体验与美学经验，从而真正践行"明体达用，体用贯通"。

文化连接心灵，艺术沟通世界。当我开始写作时，我才慢慢地认识到，写什么，是因为我感到有什么在逐渐离我们远去，小说是我们挽留什么的努力。近百年来，中国社会的沧桑巨变，中西古今思潮汇聚，那些风云际会的时代传说，那些风华绝代的人物事迹，以及那些画面斑驳的历史影像，作为秘密战线斗争故事的背景，唤起人探寻、遐想和虚构的无限热情。

就《千里江山图》这本小说的写作准备和写作过程而言，我如初学者一般，放下闪烁其词、省略、虚写，重新用上最大的敬意，尝试接触一个全新的小说领域，从头至尾将其视为一次全新的学习过程。不敢妄言对历史进行激活、重述、重塑，小说视角所及的图像，关于梦境的神游或者重大革命历史的探究，关乎理想，关乎青春，也关乎着短暂而精彩的生命。

准备这部小说的日子里，时常想到荷马，想到他的返乡之路和史诗，想到叶芝的那句话：悲剧正是开始于荷马，而荷马就是一个瞎子。时常也会想到布莱希特，他对情境和陌生化的思考。也会想到戏剧《哥本哈根》，想到历史上那些隐秘的时刻，人们怎样置身于几乎无法克服的黑暗之中。时常也会想到莎翁，那种认为讲述别人的故事才能更好地传达自己的意图的方法。间或会想到萨特，他笔下的戏剧，关于禁闭和思想对立的争论。想到卡尔维诺，他的一部关于年轻的游击队员被囚禁的小说。有时也想到康拉德的《黑暗的中心》那逆流而上的灼烈的旅程。想到那些烈士如何看待百年以后有人尝试在上海的街道上重塑他们的身姿。想到无数艰难的时刻，比一部小说的写作更加艰难的时时刻刻。

也正是在准备这部小说的日子里，获得一个契机，重新认识近代中国的历史，重新认识中国文学的传统，重新认识外国文学的影响，重新认识到自己的局限性。

一次机密的行动，也是一次返乡之旅，一次对未来的展望之行。这部小说涉及了上海、南京、广州三个城市，通过小说的叙事旅程回溯时代的风貌，通过街巷、饮食、视觉和味觉唤起乡愁和城市的记忆，唤起对家国命运最深切的痛楚，对大变革时代的拥抱和体悟。旗帜飘扬，时钟嘀嗒，一切都迫在眉睫，普通的年轻战士，义无反顾地踏上了充满危险的旅程。

这个故事发生的时代已经逐渐远去，那些隐姓埋名的烈士，那些以假名出生入死的烈士已经长眠地下。缅怀他们，记述他们的事迹，使其传之久远，其旨意正是内在于文明的结构之中。江山千里，绵延不息，它们最终都会创造出光芒万丈的奇迹，被永久留在无名的信笺之上，存放在每一位后来者的心间。而我也在忐忑与感念中，将这封小说之信重新进行了投递。

（发言者系第十一届茅盾文学奖获奖作家，《千里江山图》作者）

韩敬群：编辑与作家，一路相伴同行

作为一名一线的文学编辑，能够连续两届置身于茅盾文学奖颁奖的盛典现场，第一时间见证五位优秀作家写作生涯的高光时刻，分享他们作为创作的漫漫长路上的旅人得到一处可以短暂休憩之地的欣喜，一方面是与有荣焉，另一方面也深深感觉到了文学的荣光给我们职业生涯赋予的不同寻常的意义。

有时我会思考，是什么力量驱动这五位作家作为同时代作家的优秀代表登上茅奖的殿堂？我想答案就写在习近平总书记对文艺工作者的谆谆教诲中，写在习近平文化思想的精髓之中：那就是从时代的脉搏中感悟艺术的脉动，坚守人民立场，坚持以人民为中心的创作导向。

与时代同频共振，与人民同呼共吸，是作家创作好作品的不二法门。

人民是创作的客体，也是创作的主体。"若有知音见采，不辞遍唱阳春。"人民更是创作成果的知音与传播者。人民的生活是滋养作家创作的"宝水"。乔叶写过一篇创作谈《"跑村"与"泡村"》，"跑村"是面上的广度，"泡村"是点上的深度。就是这样不辞辛劳的"跑"与"泡"成就了《宝水》这部书写新农村建设、乡村振兴这一时代宏大主题的出色作品。

好的写作需要向生活的深处更深地进入。这样的工作乔叶在《宝水》中做得非常缜密细致。比如作品中写孟胡子搞乡建，先是指出新农村建设中常见的弊端：腾云驾雾，涂脂抹粉。而孟胡子的工作准备充分，思虑周详，措施精准。比如，对选择山区还是平原地区做尝试，耐心地等待可以长久合作的基层领导，清醒地明白乡建必须分成三年带建、三年帮建，还有三年观察的阶段。所有这些看似琐末的地方，考验的正是作家与生活贴近的功夫。有一位退休的地方宣传部长，他这么评价《宝水》："小说对乡土伦理、人情世故的描摹，活灵活现；对方言俗语的运用出神入化。以文学的方式写出当代乡村的复杂性、多重性，平淡自然，生机勃发，是一部引人入胜、不忍释卷的好作品。"这样的来自"未受文学偏见污损的普通读者"的评价让人感动、令人信服。

在北京十月文艺出版社，我们一直主张编辑与作家应该是同行共进、共同成长的关系。在一次发布会上，徐则臣曾经说我是《北上》创作过程中的引领者。我知道这是他的厚道谦虚，我肯定不是"引领者"，而是一个"同行者"，我更愿意把自己比作《北上》中那艘从杭州开到通州的船上的一名船员。我们和作家就是这样同行共进、同船共渡的关系。我与乔叶和《宝水》也是这样的关系。乔叶创作《宝水》，至少用了六七年时间。写作过程中，大的思路变动了三四次，易稿足有十来回。这个过程，我始终是陪伴者、见证者。我现在还能找出 2017 年 7 月 25 日与乔叶的通信，那个时候，我好像已经预知了作品未来的走向和它美好的结局。

读了两遍，的确是越发强烈地感觉这会是一个好东西。我能想象你的

附录

写作状态。是与村庄人物与事件贴心贴肺、声气相通之后的熟稔与从容。我见过当代写作太多的浮皮潦草、浮光掠影，看到你这样的带着自己情感浓烈投射的细致精确的描写自是惊喜。

重要的是，我能感觉得到，这里面会有很多你对中国当下农村现状、对它的来路与去路的思考……相信如果是像你现在那样，真正地扎下去，深潜进去，做足功夫，你会有自己饱满扎实的收获与呈现。

小说名现在好像是叫《好水村纪事》？我比较担心的是如果把控不力，可能会写成一部纪实意味比较浓的小说。这当然也没什么不好，在西方，这样的门类，其实还有像《夜幕下的大军》这样的杰作。不过，咱们不是有更高远的想法嘛。所以，希望小说下面的故事开展，会有更饱满的细节和情节安排，有人物之间的冲突。在故事的开展中，还要立起人物，想来，孟老师应该是一个中心人物，此外，张大英也是可做文章的。因为只是一个开头，相信下面你自有安排。

下面的故事我们都已经知道了。在这个荣耀的时刻，我想到海明威的话："写作，在最成功的时候，是一种孤寂的生涯。"巧的是，我前些天读到了乔叶在法兰克福书展"中国文学世界行"活动上的发言："写作就是从孤独的心出发，走向一个辽阔的世界。""百川日夜逝，物我相随去。惟有宿昔心，依然守故处。"（苏轼《初秋寄子由》）祝愿我们各位获奖作家以及各地优秀作家都能不忘宿昔之心，走向更加辽阔的世界。在这条孤寂而漫长的路途上，会有我们文学编辑，一路相伴同行。

（作者系北京十月文艺出版社总编辑，《宝水》编辑）

心怀"国之大者" 以精品力作彰显新时代文学价值

——茅盾文学奖获奖作家座谈会综述

11 月 17 日，在茅盾故里浙江桐乡乌镇举办了"学习贯彻习近平文化思想 更好担负起新的文化使命——茅盾文学奖获奖作家座谈会"。与会者围绕学习习近平文化思想、担负起新的文化使命、茅盾文学奖与新时代长篇小说的创新发展、长篇小说精品力作的社会传播与多形态转化等议题，结合自身创作和工作实际作了交流发言。大家表示，要深入领会习近平文化思想精髓，深刻感悟思想伟力，不断增强文化自信；要从时代之变中把握艺术脉动，坚守人民立场，与时代同频共振，与人民同呼共吸；要心怀"国之大者"，坚持守正创新、德艺双馨，以精品力作彰显新时代文学价值。

坚持文学追求 彰显文学尊严和理想

"茅盾先生作为一个典范式的中国现代作家，在人品、思想、才情、创作等方面所拥有的格局和所达到的境界，无疑给我们树立了一个榜样。学习习近平文化思想，就是要以这样的榜样为先导，朝着越来越清晰璀璨的远方，跋涉前行。"在获奖作家杨志军眼中，"一个写作者的远方"既是

附录

195

可以远望的地平线，也是可以回顾的历史深处。他从中国传统文化的经典内涵出发，阐释作家为人与为文的关系。杨志军表示，习近平文化思想既有马克思主义文化观的底蕴，也有中国数千年历史和文化发展的积淀；既有对文学走向高峰的希望，也有对写作者自身修为的要求，"我们要加强人格修炼这一基本功，努力让自己的生命般配于文学这个高尚的称呼"。

作为茅奖评委，丛治辰至今非常怀念评奖的那些日子。"那些严肃而真诚的时刻会令每一位文学从业者感到温暖和感动，那是文学的尊严所在。"他表示，茅盾文学奖所坚持和彰显的文学追求在一定意义上正是新中国文学的理想，这一理想以中华优秀传统文化为依托，经百余年艰难探索，不断明确其方向、丰富其内涵、细腻其肌理。学习习近平文化思想，我们能够更深刻地认识茅盾文学奖的文学追求，即时代性、人民性、创新性的统一：作家们在普通人身上看到了值得被文学记录的时代光辉。获奖的五部作品无一不体现出反映时代、理解时代的强烈诉求，表现出个人理解世界、文学表达时代的探索勇气。作品中新人形象、先锋笔调、异质性叙述方式以及对类型文学、影视叙事手段的化用等，都体现了茅奖对创新的重视。

上海文艺出版社党委书记、社长、总编辑毕胜说，《千里江山图》的出版，是上海文艺出版社学习习近平文化思想、坚定文化自信的有力体现，是出版社着力赓续中华文脉、推动中华优秀传统文化创造性转化和创新性发展的一次成功的出版实践。"作为一家拥有 70 余年历史的专业出版单位，我们参与了中国当代文学完整的历史，体会到新时代文学事业'如百卉之萌动'，感受到了新时代文学出版形态的'苟日新，日日新，又日新'。而'新时代山乡巨变创作计划'和'新时代文学攀登计划'的启动，使我们的工作有了更强有力的'抓手'。"他表示，接下来上海文艺出版社将进一步深入学习贯彻习近平文化思想，着力布局重大现实题材的创作、出版工作，努力绘就新时代的"千里江山图"。

与时代同频共振 与人民同呼共吸

获奖作家在发言里，不约而同地提到了"与时代同频共振、与人民同呼共吸"的内涵。

"走进村庄、沉浸式地倾听和记录，保持诚实的写作态度，遵从内心感受去表达……"这是获奖作家乔叶创作《宝水》的重要心得："在'跑村'和'泡村'的纵横交织中，我鲜明地感知到，乡村正在发生着的巨变，对于一个写作者而言，是一座具备无限可能性的文学富矿。要在其中挖宝，脚力、眼力、脑力、笔力，确实缺一不可。""潜伏"在村庄的日子里，乔叶了解到人们藏在深处的微妙心事，与他们同悲共喜。在创作《宝水》的过程中，无数扑面而来的鲜活细节让她真切地意识到大时代与小细节的辩证关系：宏阔的时代必须附丽在这些细节里，而这些细节又由无数平朴之人的微小之事构建，如同涓涓细流终成江河。

因为《北上》和《宝水》，北京十月文艺出版社总编辑韩敬群连续两次作为获奖作品编辑代表，感受文学的荣光带给编辑这一职业不同寻常的意义。韩敬群回顾了《宝水》的编辑过程，在与作者乔叶就作品切磋琢磨的往来互动中，他鼓励作家"真正地扎下去，深潜进去，做足功夫，就会有自己饱满扎实的收获与呈现"，并深刻感受到，与时代同频共振、与人民同呼共吸，是作家创作好作品的不二法门。"人民是创作的客体，也是创作的主体。'若有知音见采，不辞遍唱阳春'，人民更是创作成果的知音与传播者。人民的生活就是滋养作家创作的'宝水'"。

"从此次获奖作品与作家们创作的每一个故事中，我听到了时代列车快速奔跑的声音，看到了在新的文学进程中，辛勤劳作的作家们为新时代描摹出的壮丽和辉煌的动人画卷。"评委刘建东谈道，文学历来都是历史发展和时代进步最敏锐的感知者，是历史进步的积极参与者，记录历史、涵养民族文化，也推动着历史和文化的发展。他热情呼吁，新时代的广大

附录

197

作家要像柳青、周立波那样，时刻保持谦虚的姿态，永远做人民的学生，把文学之根扎在现实生活当中、扎在人民当中，用沉甸甸的艺术之笔，写下人民的期盼、人民的愿景。

坚持守正创新 创作文学精品

在 2023 年召开的文化传承发展座谈会上，习近平总书记对中华文化传承发展的一系列重大理论和现实问题作了全面系统深入阐述。作家们认真学习，受益匪浅。

获奖作家刘亮程从草原文化伟大的说唱传统中，获得了构思《本巴》的灵感。"我想在这些古老神奇的说唱之外，说出自己的声音；在史诗言说的尽头，找到自己无边无际的想象；在语言的地老天荒中，写出属于自己的文字。"《本巴》是向《江格尔》史诗致敬之书，也是向各民族优秀传统文化致敬之书。在它如诗如梦一样的语言和故事中，我们读到中国人的文化自信，也读到中华民族共有的精神家园和人类共通的情感。

"我们为何而写？"谈到文学与时代的关系，获奖作家孙甘露说，"文化是一个国家、民族的灵魂和生存、发展的重要力量。"鉴古知今、继往开来，每一次关于文学的再实践、再创造，新的时代思想、社会理念、人文精神都会融合进来，世界因此呈现出新的视角与侧面。只有把握住时代的脉搏、扎根人民生活，我们的文学才能焕发出新的生命力。中国经验、中国故事、中国精神的书写，归根到底是要打通人民之间最真实的生命体验与美学经验，从而真正践行"明体达用，体用贯通"。

谈到《回响》的写作，获奖作家东西感慨："做一个写作者，我是幸运的。因为我恰逢巨变时代，中国从物质到精神都发生了巨大变化：新人物不断涌现，新情节层出不穷，新事物屡见不鲜。"面对无边无际、日新月异的时代生活，如何在"新"字上做文章？东西分享了自己的经验：要把创新精神贯穿文学创作全过程，在生活中寻找新灵感、寻找新人物，在写作中"研发"新词。他说，现实中并不存在一部与每个人的内心要求完全吻合的作品，所谓人人满意的伟大作品，需要众多作家共同完成，他们将从不同角度来丰富它，"每个作家去完成他该完成的任务，这就是我们为这个时代做出的写作贡献"。

（王杨　张俊平）

"茅盾文学周"，作家畅谈新媒介新语境下的文学创作：作家"一直在生活中"才是最重要的采风

"茅盾文学周"期间，多场对话活动相继在浙江乌镇举行。11 月 17 日下午，中国作协副主席阎晶明、吉林省作协主席金仁顺、新疆作协主席刘亮程、作家弋舟围绕"短视频时代下长篇文学应该去往何方"畅所欲言。在 11 月 18 日下午举行的"青年作家漫谈"对话活动中，湖北省作协主席李修文，宁夏作协副主席马金莲，作家马伯庸、石一枫、蔡骏共聚一堂，就青年作家如何深入生活捕捉创作灵感、新媒体和 AI 对写作的影响、文学作品的影视化改编等多个话题展开交流。两场对话充满了思维碰撞的火花，引发现场读者和云端网友的热烈反响。

短视频与长篇文学并不是此消彼长

如今，以短视频为代表的新媒介的兴起，极大改变了信息传播和知识获取的方式，大众对信息与知识多样化、全方位的需求不断增长。如何通过短视频拉近读者和文学的距离，让文学更好地融入大众生活，已经成为当下从业者亟须面对的问题。

阎晶明认为，当下短视频对文学作品的传播起到了重要推动作用。他观察到，现在很多年轻人选择在网上购书，面对茫茫书海，困惑于如何迅速找到自己感兴趣的书，这就需要优质的读书类短视频发挥引导作用。"有时候网红或流量明星在短视频中提到最近在读什么书，这本书第二天就可能会卖到脱销。他们在网络上的推荐和传播，可以帮助读者掌握更多的图书信息，原先信息不对称的问题能够得到缓解。"在他看来，如今一方面是碎片化、快餐化文化盛行，但另一方面，在文学领域，长篇小说的销量是遥遥领先的。"短视频与长篇文学并不是此消彼长的关系，有很多人既可以认真阅读一本长篇小说或经典名著，同时也会在闲暇的时候刷短视频，这并不矛盾。"

金仁顺认为，读书分享类短视频给非专业读者提供了指引，有一定的营销和传播作用。在她看来，短视频仅是推广手段，并不是文学本身。一条短视频可能会迅速被很多人看到，但它的消失也是很快的，而经典文学作品却是永恒的。"我们要相信文学自身的韧性和强度，短视频的火爆会让大家认为喜欢读书的人将越来越少，阅读可能将被其他娱乐消遣方式所取代。但我没有那么悲观，文学的受众是不会轻易离场的。"

刘亮程长期居住在乡村，他也会通过短视频记录自己的生活。面对当下"三分钟读完一本书"的新兴文化现象，他有着自己的看法。"短视频无法代替文学作品，想要深入了解一本书，我还是建议去读原作。有人在网上看了图书介绍类的短视频，就误以为自己理解了整部作品，这反而导致很多优秀佳作湮没在海量的短视频之中。"他谈到，很多短视频创作者会把文章中的金句罗列出来，但那些金句无法组合成一部长篇小说，它们只是小说中的一个个零件而已，真正的读书体验要通过阅读全文来获得。

"如今我们能在短视频中看到丰富多样的内容，但这些并不能代替真实的感受，也不能代替阅读。"弋舟建议，作为内容的提供者、制作者，短视频创作者应该有属于自己的见解，即便是介绍或解读一本书，也要避免同质化内容。

"天下第一等好事就是读书"

有人认为长篇文学似乎无实用价值，而反对者则提出"无用之用方为大用"。谈到长篇文学的处境与方向，阎晶明认为，如今信息时代各方面的诱惑很多，时间和精力很容易被分散，这些客观条件不利于读者完成长篇文学的阅读。他建议在社会层面营造阅读的氛围，不要将读经典、读名著变成专家的事，而要变成所有读者和大众的事。

"天下第一等好事就是读书。"从事写作多年的金仁顺依旧对阅读充满了热情，"不论是长篇文学还是短篇文学，不管是纸质书还是电子书，能够读书就是好的开始"。她认为，读书可以帮助对抗失落、孤独、沮丧等负面情绪，只要读者建立起耐心的阅读习惯，读书的好处自然而然就能体会到。

刘亮程说，他不会刻意地要求自己的孩子在很小的时候就开始读长篇文学，反而会希望他们能尽可能多地看看世界。"那么小的孩子最需要的是认识地上爬的虫子，而不是书中的虫子。他们最先要听到自然界的风声，而不是作家在书中描绘的风声。"他认为，阅读长篇文学对于很多年轻人来说不是问题，更重要的是读完书后应怎样看待人生，怎样过好当下的生活。

弋舟在长期阅读的过程中体会到长篇文学的实用之处："长篇文学篇幅长、容量大，情节复杂、人物众多，阅读长篇文学让人变得愉快、变得清醒。书籍天然和我们的脑部有某种共鸣，强制自己远离手机。回到比较有节奏的读书生活中，整个人都会焕然一新。"

"受宠"的作家更要向生活采撷素材

在"青年作家漫谈"对话中，大家深入探讨了有关创作采风的话题。

有人认为，采风帮助作家深入生活、获得切实生活经验的作用有限，李修文则通过亲身经历作了反驳。他正在创作一本讲述 20 世纪 90 年代下岗工人的书，由于缺乏推进的力量，好几年都没写出来。后来，他实地走访贵州一家废弃的钢铁厂，看到厂里荒草丛生、野狗出入，真切激发了他的创作灵感。"作品诞生于相信，很多作品毁于作家对生活的不信任。真正走进笔下的地方，才能建立真切的关系。"虽然现在新媒体异常活跃，比如可以借助短视频了解他人的生活，但这个问题因人而异，"有的作家写一本书需要看一屋子书，有的作家看一本书就能写一屋子书，这对于体验生活同样成立"。

"写作最初基于经验，当既有的资源耗尽，接下来该怎么办，只能去采风。"马金莲也认为采风是必要的，她往往要采访"透"才能下笔。她的创作理念是，作家要"住"进笔下人物的心里，采风就像到生活中去陪伴笔下的人物生长。当代通信技术虽然为作家了解不熟悉的事物提供了很多便利，但无法透析真正重要的东西。

马伯庸以迟子建写作《额尔古纳河右岸》为例，阐释了创作者与创作对象之间的关系。在该书的后记中，迟子建写道，她离写作对象越远越写不出来，必须回到额尔古纳河，才能静下心来写作。"文学外表是理性风格的包裹，内核还是感性的，没法用语言表达，要亲自深入生活。"马伯庸坦言自己能写出关于唐代历史的佳作，也是因为经常观古迹、跑博物馆，充分感受盛唐气象。另外一个办法则是团结一帮朋友，当作品中涉及专业话题和知识时，他就向朋友们请教。

"寻找生活意味着已远离生活，作家要扎根土地和人民。"蔡骏表示，作家"一直在生活中"才是最重要的采风，文学的土壤源自作家与土地、与人民的关系，这是作品的基础、血脉和灵魂。石一枫同样认为，采风可以帮助作家开拓写作素材。在这一点上，中国作家是"受宠"的，但有时候采风要更加深入。在他看来，作家就是对别人的生活特别好奇、特别有热情的人，他们把这种热情转变成写作。

小说和剧本遵循着不同的创作逻辑

当被问及写作时是否会预先设想作品改编成影视作品的情形，马伯庸作了否定回答。"忠于原著是伪命题"，他认为，小说和剧本截然不同，两者遵循不同的创作逻辑。"这是两个不同的专业，差别非常大，改编一定会有变化。小说家在写小说时不应该考虑影视改编，不仅不应该，而且也是做不到的。小说家的专业是写好小说，改编的事就交给专业的人去做。"

具有丰富影视改编经验的李修文表示，文学是影视的催化剂，能够激发导演创作，但电影有其独特性。文学虽然以文学性涵养着影视作品，并深度介入影视改编，但电影不应过于强调文学性，电影的主体性是通过各种手段和媒介获得的。据他观察，当下一些导演的苦恼是从文学作品中找不到更多的独特性，而不只是文学性。

对话现场，青年作家们还就作家与故乡、写作与教育的关系，以及短视频对创作的影响等话题进行了交流。

（刘鹏波　杨茹涵）